Voir les différences
See the differences
français/English

un dictionnaire illustré des expressions
an illustrated dictionary of expressions

Winston C. Fraser

© 2021 Winston Fraser Consulting Inc.

1225 rue Bellevue
Saint-Lazare, QC J7T 2L9
438-969-2510
wcfraser@sympatico.ca

Tous droits réservés. Aucune partie de ce livre ne peut être adaptée, reproduite ou transmise sous aucune forme, ni par aucun moyen, électronique, mécanique, photocopie, enregistrement, micro-enregistrement ou par quelque procédé que ce soit, sans l'autorisation écrite de Winston Fraser Consulting, Inc.

All rights reserved. No part of this book may be adapted, reproduced or transmitted in any form or by any means, electronic, mechanical, photocopying, recording, microrecording, or otherwise, without the written permission of Winston Fraser Consulting, Inc.

Mise en page / Layout : Winston Fraser
Conception de la couverture / Cover design : Nurdin Musaev
Photo de couverture / Cover page photo : Winston Fraser

Photos de la page de dédicace / Dedication page photos : Bishop's University

Photos de la couverture de dos / Back cover photos :
En haut / Top : iStockphoto
En bas / Bottom : archives de la famille Fraser / Fraser family archives

Traduction / Translation : Joelle Sbrana (upwork.com)

Imprimé et relié au Canada par / Printed and bound in Canada by :
Katari Imaging
282 Elgin St.
Ottawa, ON K2P 1M3
613-233-1999
www.katariimaging.com

Imprimé et relié aux États-Unis par / Printed and bound in USA by :
Ingram Spark (www.ingramspark.com) et autres / and others.

ISBN: 978-1-7771308-6-2

Dédicace - Dedication

Prof. Gray   Prof. Sepp   Prof. Yarrill

Ce livre est dédié à mes professeurs de l'Université Bishop's qui m'ont inculqué un intérêt pour les langues que j'ai gardé à vie.	This book is dedicated to my professors at Bishop's University who instilled in me a lifelong interest in languages.
J'adresse mes remerciements à mon professeur d'anglais, James Gray, à mon professeur de français, E. H. Yarrill et à mon professeur de russe, Leo Sepp, pour l'enseignement et l'inspiration qu'ils m'ont donnés.	I give thanks for my English professor, James Gray, my French professor, E. H. Yarrill and my Russian professor, Leo Sepp, for their instruction and inspiration.
En reconnaissance je ferai un don des profits générés par la vente du dictionnaire à l'appui du programme des études indigènes de l'Université Bishop's qui est située sur le territoire traditionnel et non cédé du peuple Abénaki.	In recognition, I will donate proceeds from the sale of this dictionary to support the indigenous studies program of Bishop's University, which is located on the traditional and unceded territory of the Abenaki people.

Remerciements – Acknowledgements

Je tiens à remercier ma famille, mes amis et les autres personnes qui ont suggéré du contenu pour le dictionnaire, qui ont contribué à l'utilisation d'illustrations ou qui ont joué le rôle de critiques littéraires.

J'adresse mes sincères remerciements à Andrea Fraser, Claude Huot, Denise Mitchell, Elaine Fraser, Fred Hurd, Georges et Heather Legault, John Thévenot, Kira-Marie Lazda, Martha MacKellar, Micayla Beck, Sandy Bunney, Shirley et Charles André Nadeau, Tina Close et Tina Verni. Je présente mes excuses à tous ceux que j'ai omis par inadvertance.

En outre, je tiens également à remercier le graphiste Nurdin Musaev pour sa conception de la couverture et mon gendre Greg Beck, pour ses retouches photos professionnelles. Enfin, un mot spécial de remerciement à mon frère Jim pour son aide à la mise en page et à la production.

I wish to acknowledge the assistance of family, friends and others who suggested content for the dictionary, contributed the use of illustrations or acted as book reviewers.

To all the following I extend my sincere thanks: Andrea Fraser, Claude Huot, Denise Mitchell, Elaine Fraser, Fred Hurd, Georges and Heather Legault, John Thévenot, Kira-Marie Lazda, Martha MacKellar, Micayla Beck, Sandy Bunney, Shirley and Charles André Nadeau, Tina Close and Tina Verni. To any who have been inadvertently omitted, I offer my apologies.

In addition, I want to thank graphic designer Nurdin Musaev for his cover design and my son-in-law, Greg Beck, for his professional photo retouching. Finally, a special word of appreciation to my brother Jim for his assistance with layout and production.

Table des matières – Contents

Dédicace - Dedication 5

Remerciements – Acknowledgements 6

Table des matières – Contents 7

Préface – Preface 9

Présentation – Introduction 13

Section 1 Faux amis – False cognates 17

Section 2 Faux amis partiels – Semi-false cognates 27

Section 3 Vrais amis partiels – Semi-true cognates 39

Section 4 Comparaisons – Comparisons 45

Section 5 Idiomes – Idioms 59

Section 6 Proverbes – Proverbs 123

Section 7 Les chiffres – Numbers 157

Section 8 Onomatopée – Onomatopoeia 161

Section 9 Divers – Miscellany 167

Épilogue – Epilogue 173

Bibliographie – Bibliography 175

Voir les différences / See the differences

Préface – Preface

Le dictionnaire Webster édition 1913 (photo de Jim Fraser)
Webster's Dictionary 1913 (photo by Jim Fraser)

J'ai peut-être ça dans le sang. C'est l'un de mes ancêtres, Charles Clark Fraser, qui m'a légué son dictionnaire usagé Daniel Webster datant de 1913 et son Encyclopædia Britannica en 23 volumes. Il était lui-même un homme de lettres et il a inventé un certain nombre de mots de son vivant.	Maybe it's in my blood. A family ancestor, Charles Clark Fraser, who bequeathed me his well-worn 1913 Daniel Webster's dictionary and his 23-volume Encyclopedia Britannica, was himself a man of letters who actually coined a number of words during his lifetime.
Ma propre fascination pour les langues est née en 1960 lorsque j'ai participé au congrès international de la jeunesse aux Nations Unies à New York. L'interprétation simultanée en temps réel des débats du Conseil de Sécurité dans les six langues officielles de	My own fascination with languages had its genesis in 1960 when I attended the United Nations Pilgrimage for Youth at the United Nations in New York City. One of the experiences that greatly impressed me was the real-time simultaneous interpretation of the Security Council debates into the six

Voir les différences / See the differences

l'Organisation des Nations Unies (arabe, chinois, anglais, français, russe et espagnol) a été l'une des expériences qui m'ont fortement impressionné. J'ai quitté de cette conférence en souhaitant un jour devenir interprète. Une fois diplômé du secondaire, j'ai poursuivi mon intérêt pour les langues à l'université, bien que dans le cadre d'un programme de baccalauréat en sciences, en étudiant les littératures anglaise et française ainsi que la langue russe.

Bien que j'aie choisi une carrière dans les technologies de l'information, mon intérêt pour les langues a persisté et ma connaissance du français s'est approfondie. Ceci grâce au fait d'avoir travaillé avec des collègues francophones durant mes 28 ans de carrière chez IBM Canada et lors de mandats ultérieurs de consultant chez Provigo, Vidéotron et Desjardins. L'une de mes principales responsabilités était la traduction de documents informatiques techniques du français vers l'anglais (et parfois l'inverse). En conséquence, je me suis familiarisé avec la terminologie et le jargon spécifiques à ce domaine, aussi bien en français qu'en anglais. Ce sont

official languages of the United Nations (Arabic, Chinese, English, French, Russian and Spanish). I came away from that conference wanting one day to become an interpreter. Upon graduation from high school, I pursued my interest in languages at university, albeit in the context of a Bachelor of Science program, studying English and French literature as well as the Russian language.

Although I chose a career in Information Technology, my interest in languages continued and my knowledge of French increased. This was thanks to having worked with francophone colleagues during my 28-year career at IBM Canada and in subsequent consulting mandates at Provigo, Vidéotron and Desjardins. One of my major responsibilities was the translation of technical IT documents from French to English (and sometimes vice versa). As a result, I became conversant with that field's specialized terminology and jargon in both French and English. What challenged me more, however, were the idiomatic expressions encountered in the documentation or in conversation. Over the years, I mastered the meanings of many of

Préface – Preface

les expressions idiomatiques rencontrées dans la documentation ou dans la conversation qui m'ont particulièrement mis au défi. Au fil des ans, je suis parvenu à maîtriser les significations de bon nombre d'entre elles, mais j'en rencontre constamment de nouvelles. Aujourd'hui, à travers ce dictionnaire, j'aspire à partager une partie de cet apprentissage linguistique accumulé pendant toutes ces années.

L'anglais et le français ont, bien sûr, beaucoup en commun - certains experts estiment que plus d'un quart des mots des deux langues ont des racines et des significations communes. De plus, de nombreuses expressions françaises et anglaises sont des traductions littérales des équivalents dans l'autre langue. Néanmoins, il existe de nombreuses différences. Ce sont ces différences qui sont mises en évidence à travers les textes et les illustrations qui composent ce dictionnaire. Ce livre a un double objectif : d'une part, de permettre aux francophones de se familiariser avec la langue de Shakespeare, Milton et Rowling, et qui a été si éloquemment parlée par des Canadiens anglophones comme John Diefenbaker et John Crosbie.

them but constantly come across new ones. Now, through this dictionary, I seek to share some of that accumulated linguistic learning.

English and French, of course, have much in common – some experts say that more than a quarter of the languages' words share common roots and meanings. As well, many French/English expressions are direct translations of the other language's counterparts. Nonetheless, there are a great many differences. It is these differences that are highlighted through the text and illustrations that make up this dictionary. The book's objective is two-fold. On the one hand, it is to assist anglophones to master the language documented by the legendary lexicographer Larousse and promoted here in Quebec by legislators like Lévesque and Laurin. On the other hand, it is to enable francophones to become more familiar with the language of Shakespeare, Milton and Rowling that has been so eloquently orated by such English-speaking Canadians as John Diefenbaker and John Crosbie.

Voir les différences / See the differences

Le second objectif est d'aider les anglophones à maîtriser la langue documentée par le légendaire lexicographe Larousse, et promue ici au Québec par des législateurs comme Lévesque et Laurin. Bonne lecture !	Happy reading!

Présentation – Introduction

C'est un différent type de dictionnaire. Comment diffère-t-il ? Laissez-moi vous expliquer comment. Pour commencer, sa perspective est nettement plus large que celle d'un dictionnaire traditionnel. Il ne fournit pas simplement une liste alphabétique de mots et leurs définitions. Il s'agit plutôt d'une compilation d'expressions en français et en anglais, classifiées en catégories, dans laquelle « expression » s'entend au sens large du terme, tel que défini par les dictionnaires majeurs suivants : - groupe de mots faisant partie de la langue (https: dictionnaire. lerobert.com) - terme ou tournure du langage parlé ou écrit (www.larousse.fr) Par conséquent, il comprend des sections dédiées à des catégories linguistiques telles que les vrais et faux amis, les métaphores, les comparaisons, les expressions idiomatiques, les proverbes, et les onomatopées. De plus, il	This is a different type of dictionary. How different? Let me count the ways. To begin with, its scope is significantly wider than that of a traditional dictionary. It is not simply an alphabetical list of words and their definitions. Rather, it is a categorized compilation of English and French expressions where "expression" takes on the broadest of meanings as defined by the following major dictionaries: - a significant word or phrase (www.merriam-webster.com) - a particular word, phrase, or form of words (www.dictionary.com) Hence, it includes sections dedicated to such linguistic categories as cognates, metaphors, similes, idioms, proverbs and onomatopoeia. In addition, it documents notable style differences between the two languages. Each chapter is prefaced by a brief topical commentary.

Voir les différences / See the differences

documente les différences de style notables entre les deux langues. Chaque section est précédée d'un bref commentaire relatif au sujet.

Bien qu'offrant une perspective large, ce dictionnaire n'est pas exhaustif en termes de volume ou de contenu. À cet égard, il partage une caractéristique avec le tout premier dictionnaire d'anglais jamais écrit. **A Table Alphabeticall** de Robert Cawdrey, publié en 1604, ne contenait que des mots « difficiles », laissant de côté les mots « faciles ». De même, **Voir les différences** n'aborde que les différences entre les expressions françaises et anglaises, en ignorant les similitudes. D'autre part, ce dictionnaire exclut les expressions qui contiennent des blasphèmes ou qui sont ouvertement racistes, sexistes ou offensants. Néanmoins, le lecteur est averti que certains contenus qui reflètent les normes sociétales d'une autre époque peuvent heurter leur sensibilité.

Une autre caractéristique importante qui distingue ce travail d'un dictionnaire ordinaire est le fait qu'il est si richement illustré. Chaque rubrique – sans exception – est accompagnée d'une image

Although comprehensive in scope, this dictionary is not exhaustive in terms of volume or content. In this respect, it shares one characteristic with the very first English dictionary ever written. Robert Cawdrey's **A Table Alphabeticall**, published in 1604, contained only "hard" words, leaving out the "easy" ones. Likewise, **See the differences** limits its coverage to differences between French and English expressions, while ignoring the similarities. As well, it excludes expressions that contain profanity or that are overtly racist, sexist or otherwise offensive. Nevertheless, the reader is cautioned that sensitivities may still be touched by certain content that reflects the societal norms of another era.

Another important characteristic that distinguishes this work from the run-of-the-mill dictionary is the fact that it is so lavishly illustrated. Every entry – without exception – is accompanied by an image sourced either from the author's personal stock photo collection or from external picture sources. In fact, most entries include a pair of contrasting illustrations that visually highlight the English/French differences. This feature is

Présentation – Introduction

provenant soit de la collection de photos personnelles de l'auteur, soit de sources d'images externes. En fait, la plupart des rubriques contiennent une double illustration contrastée qui met visuellement en évidence les différences entre le français et l'anglais. Cette caractéristique repose sur le vieil adage selon lequel une image vaut mille mots. Ces illustrations remplacent une explication textuelle des expressions. Une image peut se rapporter à l'origine de l'expression, à sa composition sémantique, ou peut représenter une explication légère de l'article du dictionnaire. À travers ces illustrations, le lecteur peut être inspiré de faire des recherches personnelles sur les origines et l'évolution des expressions. Contrairement à un dictionnaire "normal" – qui est principalement conçu pour être utilisé comme un outil de référence – ce dictionnaire est réellement destiné à être lu. Grâce à sa mise en page unique, l'intégralité du contenu peut être parcourue en séquences ou les différentes sections peuvent être consultées individuellement. Quelle que soit la façon dont il est utilisé, il sert à la fois d'outil éducatif	predicated on the age-old adage that a picture is worth a thousand words. These illustrations are included in lieu of any textual explanations of the expressions. An individual image may relate to the expression's origin or its literal composition or may represent a lighthearted interpretation of the dictionary entry. Through these illustrations, the reader may be inspired to personally research the expressions' origins and evolution. Unlike a "normal" dictionary – that is meant primarily to be used as a reference tool – this one is actually intended to be read. Because of its unique layout, the entire contents may be consumed in sequence or the different sections may be perused individually. Regardless of how it is used, it serves both as a valuable educational tool and as an entertaining read to appreciate in living colour the fascinating differences between two important world languages. For a final difference, we turn from the dictionary itself to the book's compiler. Through the centuries, dictionaries have been created by an eclectic collection of lexicographers. The first French

Voir les différences / See the differences

précieux et de lecture divertissante pour comprendre en couleurs les différences fascinantes entre deux langues importantes sur le plan international. Comme dernière différence, passons du dictionnaire lui-même au compilateur du livre. Au fil des siècles, les dictionnaires ont été créés par un ensemble éclectique de lexicographes. Le premier dictionnaire français, le **Catholicon** (qui fut aussi le premier dictionnaire multilingue), a été recueilli en 1464 par un prêtre breton. La première édition complète du dictionnaire français le plus célèbre, le **Dictionnaire de l'Académie française**, a été publiée en 1694 par des membres distingués de l'Académie. En revanche, **Voir les différences** a été recueilli par un septuagénaire à la retraite qui a profité des abondantes ressources en temps et en tranquillité, offertes par le confinement lié au COVID-19 pour produire cet ouvrage.	dictionary **Catholican** (which was also the first multilingual dictionary) was compiled in 1464 by a Breton priest. The first complete edition of the most famous French dictionary **Le Dictionnaire de l'Académie française** was published in 1694 by distinguished members of the Academy. **See the differences**, on the other hand, was assembled by a retired septuagenarian who took advantage of the abundant commodities of time and tranquility afforded by the COVID-19 lockdown to produce this volume.

Section 1 Faux amis – False cognates

« Au commencement était la parole ... » – La Bible, Jean 1:1

"In the beginning was the Word..." – Bible, John 1:1

Bien que le contexte actuel soit différent, la citation ci-dessus est valable, parce que l'élément de base de toute expression est le mot.

Although the present context is different, the above quotation applies because the basic element of all expression is the word.

Un terme important pour comparer deux langues est « mot apparenté ». Les mots apparentés (communément surnommés « amis ») sont des créatures intéressantes qui habitent le paysage linguistique. Plus simplement, ce sont des mots qui partagent une origine étymologique commune (c'est-à-dire qu'ils ont la même racine linguistique). Il existe quatre types distincts d'« amis » :

An important term in comparing two languages is "cognate". Cognates are interesting creatures that inhabit the linguistic landscape. Simply put, they are words that share a common etymological origin (i.e., they have the same linguistic derivation). There are four distinct types of cognates:

- les « vrais amis » – mots qui s'écrivent de la même manière et qui ont exactement la même signification dans les deux langues (ex. accident, image, taxi, concert)

- les « vrais amis partiels » – mots qui se ressemblent et qui ont exactement la même signification dans les deux langues (ex. hôpital/hospital,

- "true cognates" – words that look the same and have exactly the same meaning in both languages (e.g. accident, image, taxi, concert)

- "semi-true cognates" – words that look similar and have exactly the same meaning in both languages (e.g. hôpital/hospital, université/university, appetit/appetite, océan/ocean)

- "false cognates" – words that look identical or very similar in both languages but whose

Voir les différences / See the differences

université/university, appétit/appetite, océan/ocean)

- les « faux amis » – mots qui s'écrivent de la même manière ou qui se ressemblent fortement dans les deux langues, mais dont les significations sont systématiquement différentes (ex. pain/pain, blesser/bless, librairie/library, crayon/crayon)

- les « faux amis partiels » – mots qui s'écrivent de la même manière ou qui se ressemblent fortement dans les deux langues, mais dont les significations sont parfois différentes (ex. action/action, porc/pork, addition/addition, amateur/amateur)

En accord avec le fait que ce dictionnaire mette l'accent sur les différences plutôt que sur les similitudes entre le français et l'anglais, nous allons nous concentrer principalement sur les faux amis et les faux amis partiels. Des exemples de faux amis sont présentés dans cette section, alors que les faux amis partiels seront abordés dans la deuxième section.

La troisième section couvrira certains vrais amis.

meanings always differ (e.g. pain/pain, blesser/bless, librairie/library, crayon/crayon)

- "semi-false cognates" – words that look identical or very similar in both languages but whose meanings only sometimes differ (e.g. action/action, porc/pork, addition/addition, amateur/amateur)

In keeping with this dictionary's emphasis on the differences rather than the commonalities between French and English, we will focus mainly on the false and semi-false cognates. Examples of false cognates will be presented in this section while the semi-false cognates will be covered in Section 2. Section 3 will focus on the special particularities of certain true cognates.

Section 1 Faux amis – False cognates

affluence *(foule)*	affluence *(wealth)*

istockphoto

istockphoto

attendre	attend

istockphoto

istockphoto

avertissement	advertisement

istockphoto

istockphoto

baskets *(chaussures de sport)*	baskets

istockphoto

istockphoto

blesser	bless

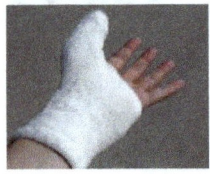
istockphoto

istockphoto

bout	bout

istockphoto

Winston Fraser

Voir les différences / See the differences

bras	bras

istockphoto   istockphoto

chair	chair

istockphoto   istockphoto

car	car

 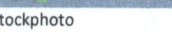

istockphoto   Winston Fraser

chandelier	chandelier

istockphoto   istockphoto

cave *(soubassement)*	cave

istockphoto   istockphoto

char	char

Winston Fraser   istockphoto

Section 1 Faux amis – False cognates

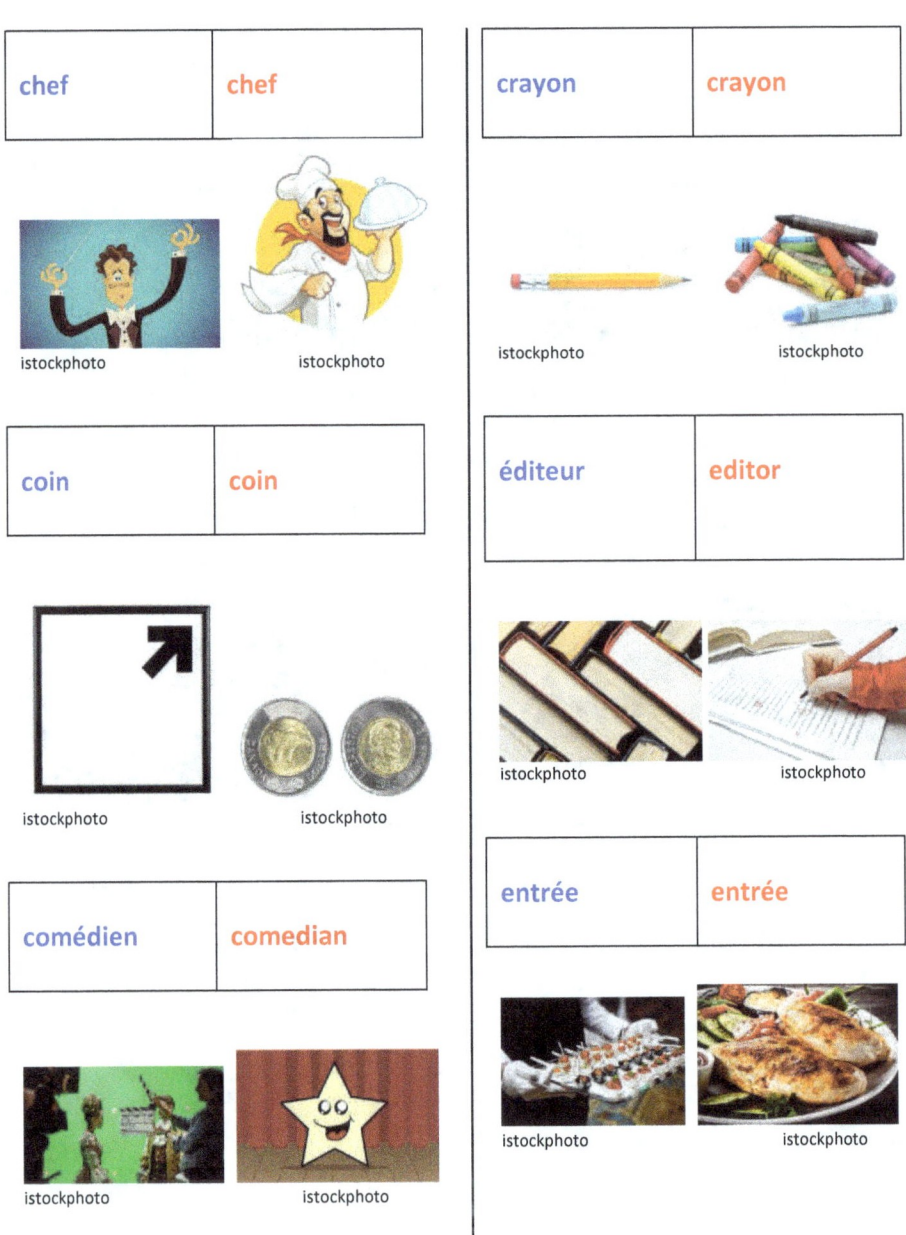

Voir les différences / See the differences

fabrique	fabric

istockphoto

istockphoto

file	file

istockphoto

istockphoto

flatter	flatter

istockphoto

istockphoto

four	four

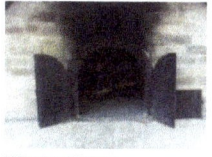
Winston Fraser

istockphoto

fournitures	furniture

istockphoto

David Fraser

fronde *(lance-pierres)*	frond *(plant)*

istockphoto

istockphoto

Section 1 Faux amis – False cognates

gaze	gaze

istockphoto · istockphoto

génial	genial

istockphoto · istockphoto

herbe	herb

istockphoto · istockphoto

isolation	isolation

istockphoto · Winston Fraser

labour	labour

Winston Fraser · Winston Fraser

lecture	lecture

istockphoto · istockphoto

Voir les différences / See the differences

main	main *(water main)*

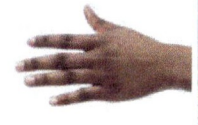 

istockphoto istockphoto

mignon	minion

istockphoto istockphoto

pain	pain

 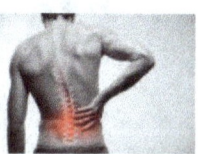

istockphoto istockphoto

préservatif	preservative

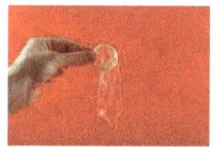 

istockphoto istockphoto

prune	prune

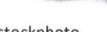 

istockphoto istockphoto

raisins	raisins

Winston Fraser istockphoto

Section 1 Faux amis – False cognates

rente	rent

istockphoto

istockphoto

sensible	sensible

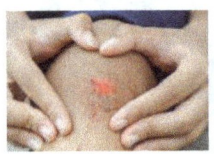
istockphoto

istockphoto

risqué	risqué

istockphoto

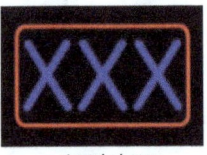
istockphoto

slip	slip

istockphoto

istockphoto

sale	sale

istockphoto

istockphoto

spectacle	spectacles

istockphoto

istockphoto

Voir les différences / See the differences

surnom	surname

Winston Fraser — Winston Fraser

surveiller	survey

istockphoto — istockphoto

traînée	trainee

istockphoto — istockphoto

transpirer	transpire

istockphoto — istockphoto

veste	vest

istockphoto — istockphoto

Section 2 Faux amis partiels – Semi-false cognates

« . . . les mots sont comme les caméléons, en constant changement, sujets à de nombreuses significations et nuances de signification . . . » – A. J. Seaman (cadre dans la publicité)

Contrairement aux faux amis décrits dans la section précédente dont les significations sont nettement différentes en français et en anglais, les faux amis partiels appartiennent à une espèce d'animal linguistique différente en raison du fait qu'ils ne présentent pas systématiquement cette caractéristique. Comme un caméléon qui change de couleur en fonction de son environnement, ils peuvent changer de signification en fonction du contexte dans lequel ils sont utilisés.

À première vue, le qualificatif de « faux partiel » s'apparente à un oxymore. On considère généralement vrai et faux comme des absolus booléens, sans d'autres qualificatifs. Un booléen est une variable avec seulement deux valeurs - Vrai ou Faux. Les booléens, bien sûr, constituent les principes

". . . words are like chameleons, ever changing, subject to many meanings and shades of meanings . . ." – A. J. Seaman (advertising executive)

Unlike false cognates described in the previous section, that have distinctly different meanings in French and English, the semi-false cognate is a different species of linguistic animal in that it only sometimes exhibits that characteristic. Like a chameleon that changes its colour according to its environment, it can change its meaning depending on the context in which it is used.

At first blush, the "semi-false" qualifier appears to be somewhat of an oxymoron. Normally, one thinks of true and false as boolean absolutes without qualification. A boolean is a variable with only two values – True or False. Booleans, of course, are the main building blocks of computers by indicating whether a bit is ON or OFF.

So whence the term "semi-false"? A

Voir les différences / See the differences

de base des ordinateurs en indiquant si un bit est ON (vrai) ou OFF (faux).

Mais alors, pourquoi le terme de « faux partiel » ? Une dénomination plus exacte serait « parfois faux ». Toujours est-il que ces faux amis particuliers représentent un défi de taille pour les personnes faisant l'apprentissage d'une seconde langue alors qu'elles progressent au travers les mines linguistiques qui se dissimulent devant eux.

Les pages suivantes illustrent les couleurs contrastées exhibées par une sélection de tels mots caméléons.

more accurate appellation for such a cognate would be "sometimes-false". Be that as it may, these special cognates represent a compelling challenge to second language learners as they navigate through the linguistic landmines that lurk before them.

The following pages illustrate the contrasting colours exhibited by a selection of such chameleon words.

Section 2 Faux amis partiels – Semi-false cognates

action *(titre de propriété)*	action *(activity)*

Winston Fraser

istockphoto

addition *(facture)*	addition *(arithmetic)*

istockphoto

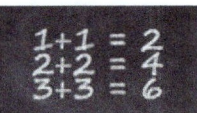
Winston Fraser

agenda *(carnet)*	agenda *(program)*

istockphoto

Winston Fraser

amateur *(d'art)*	amateur *(non professional)*

istockphoto

Winston Fraser

anniversaire *(de naissance)*	anniversary *(of wedding)*

istockphoto

istockphoto

assistance *(auditoire)*	assistance *(help)*

istockphoto

istockphoto

Voir les différences / See the differences

cent *(nombre 100)*	cent *(monetary unit)*

Winston Fraser

istockphoto

change *(échange de monnaie)*	change *(coin currency)*

istockphoto

istockphoto

circulation *(véhicules)*	circulation *(blood flow)*

istockphoto

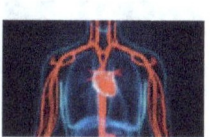
istockphoto

corsage *(vêtement)*	corsage *(flowers)*

istockphoto

istockphoto

coucou *(oiseau)*	cuckoo *(crazy)*

istockphoto

istockphoto

culte *(religion)*	cult *(sect)*

Winston Fraser

istockphoto

Section 2 Faux amis partiels – Semi-false cognates

décade	decade

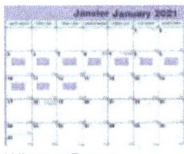
Winston Fraser Winston Fraser

déception *(désappointement)*	deception *(deceit)*

istockphoto istockphoto

demander *(requérir)*	demand *(command)*

istockphoto istockphoto

éclair *(orage)*	éclair *(dessert)*

istockphoto istockphoto

engagement *(convention)*	engagement *(to marry)*

istockphoto istockphoto

expérience *(expérimentation)*	experience *(involvement)*

istockphoto Winston Fraser

Voir les différences / See the differences

figure *(visage)*	figure *(physique)*

istockphoto

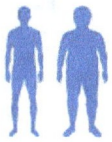
istockphoto

football *(soccer)*	football *(American football)*

Winston Fraser

istockphoto

formidable *(admiration)*	formidable *(difficult)*

istockphoto

istockphoto

fort *(force)*	fort *(structure)*

Winston Fraser

Winston Fraser

foyer *(cheminée)*	foyer *(entrance hall)*

Winston Fraser

istockphoto

franchise *(assurance)*	franchise *(business)*

istockphoto

istockphoto

Section 2 Faux amis partiels – Semi-false cognates

global *(total)*	global *(worldwide)*

istockphoto

Winston Fraser

important *(grand)*	important *(significant)*

istockphoto

istockphoto

gratuité *(non payant)*	gratuity *(tip)*

istockphoto

istockphoto

imposition *(impôt)*	imposition *(regulation)*

wikipedia.org

istockphoto

implantation *(installation)*	implantation *(implant)*

intoxiquer *(empoisonner)*	intoxicated *(drunk)*

istockphoto

istockphoto

istockphoto

istockphoto

Voir les différences / See the differences

jogging *(survêtement)*	jogging *(exercise)*

istockphoto   istockphoto

journal *(presse)*	journal *(diary)*

Winston Fraser   Winston Fraser

légumes *(plantes comestibles)*	legumes *(peas, beans, etc.)*

istockphoto   Winston Fraser

librairie *(commerce des livres)*	library *(bibliotheca)*

istockphoto   istockphoto

liquide *(argent)*	liquid *(fluid)*

istockphoto   istockphoto

location *(louage)*	location *(situation)*

istockphoto   Winston Fraser

Section 2 Faux amis partiels – Semi-false cognates

matinée *(avant-midi)*	matinee *(afternoon show)*	national *(provincial)*	national *(federal)*

Winston Fraser — istockphoto — istockphoto — istockphoto

messe *(culte catholique)*	mess *(clutter)*	notoriété *(célébrité)*	notoriety *(infamy)*

istockphoto — istockphoto — istockphoto — istockphoto

monnaie *(pièces de métal)*	money *(currency)*	occasion *(usagé)*	occasion *(happening)*

istockphoto — istockphoto — istockphoto — Winston Fraser

Voir les différences / See the differences

passer *(assister)*	pass *(succeed)*

istockphoto

istockphoto

pièce *(salle)*	piece *(portion)*

istockphoto

istockphoto

pile *(énergie)*	pile *(stack)*

istockphoto

Winston Fraser

porc *(cochon)*	pork *(meat)*

istockphoto

istockphoto

record *(dossier)*	record *(vinyl)*

istockphoto

Winston Fraser

réparation *(correction)*	reparation *(compensation)*

istockphoto

istockphoto

Section 2 Faux amis partiels – Semi-false cognates

report *(renvoi)*	report *(information)*

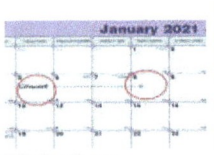
Winston Fraser

istockphoto

rester *(habiter)*	rest *(relax)*

Winston Fraser

Winston Fraser

résumé *(sommaire)*	résumé *(CV)*

istockphoto

istockphoto

réunion *(rencontre)*	reunion *(gathering)*

istockphoto

Winston Fraser

scotch *(ruban adhésif)*	scotch *(whisky)*

istockphoto

istockphoto

souvenir *(mémoire)*	souvenir *(memento)*

istockphoto

istockphoto

Voir les différences / See the differences

stage *(pédagogie)*	stage *(platform)*

istockphoto

Winston Fraser

sympathique *(aimable)*	sympathetic *(comforting)*

istockphoto

istockphoto

température *(météo)*	temperature *(heat measurement)*

istockphoto

Winston Fraser

Section 3 Vrais amis partiels – Semi-true cognates

« *Rien n'est constant dans ce monde que l'inconstance.* » *– Jonathan Swift (satiriste irlandais)*

Comme indiqué dans la première section, les vrais amis ne sont généralement pas abordés dans ce dictionnaire. Cependant, une exception est faite concernant un groupe très spécifique de vrais amis partiels.

Cette section traite de ces vrais amis partiels qui présentent une incohérence au niveau du nombre entre le français et l'anglais (entre l'utilisation du singulier ou du pluriel). La plupart des noms, dans les deux langues, peuvent se décliner au singulier ou au pluriel; cependant, dans certaines expressions ou certains contextes, ils n'existent que sous une seule forme.

Les exemples ci-dessous sont au singulier en français et au pluriel en anglais, ou l'inverse. Puisqu'il semble n'y avoir aucune raison pour ces incohérences, nous n'avons pas

"There is nothing constant in this world but inconsistency." – Jonathan Swift (Irish satirist)

As mentioned in Section 1, true cognates in general are not contained in this dictionary. However, there is one exception that involves a very specific set of semi-true cognates.

This section addresses those semi-true cognates that exhibit French/English inconsistency with respect to grammatical number (i.e. the use of singular or plural). Most nouns, in both languages, can be either singular or plural but in certain expressions or contexts, some can be only one or the other.

Below are examples that are singular in French and plural in English or the reverse. Since there appears to be no rhyme or reason for these inconsistencies, one has no choice but to memorize them.

Voir les différences / See the differences

| d'autre choix que de les mémoriser. | |

Section 3 Vrais amis partiels – Semi-true cognates

bagages *(bagages enregistrés)*	baggage *(checked baggage)*

Winston Fraser

céréales *(un bol de céréales)*	cereal *(a bowl of cereal)*

istockphoto

dentier	dentures

istockphoto

économie	economics

istockphoto

fonts *(les fonts baptismaux)*	font *(a baptismal font)*

Linda Hoy

funérailles	funeral

istockphoto

Voir les différences / See the differences

informations *(pour plus d'informations)*	information *(for more information)*

istockphoto

jean	jeans

istockphoto

linguistique	linguistics

istockphoto

maths *(cours de maths)*	math *(math course)*

istockphoto

nouvelle *(une mauvaise nouvelle)*	news *(bad news)*

istockphoto

pantalon	pants

istockphoto

Section 3 Vrais amis partiels – Semi-true cognates

pâtes *(nouilles, vermicelles, spaghetti, etc.)*	pasta *(noodles, vermicelli, spaghetti, etc.)*

istockphoto

physique *(cours de physique)*	physics *(physics course)*

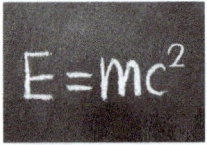
istockphoto

pyjama	pyjamas

istockphoto

short	shorts

istockphoto

toilettes *(aller aux toilettes)*	toilet *(go to the toilet)*

Winston Fraser

transports *(les transports en commun)*	transport *(public transport)*

istockphoto

Voir les différences / See the differences

vacances *(prendre des vacances)*	vacation *(take a vacation)*

Winston Fraser

Section 4 Comparaisons – Comparisons

« Le plus grand mérite, de loin, est d'être un maître de la métaphore. C'est le seul art qu'on ne saurait apprendre d'autrui. C'est aussi la marque d'un génie original. » – Aristote (philosophe grec)

Dans les sections suivantes, nous détournerons notre attention des mots individuels vers des phrases, en commençant par deux figures de rhétorique - les métaphores et les comparaisons.

Une métaphore s'agit de l'emploi d'un terme concret pour exprimer une notion abstraite par substitution analogique, sans qu'il y ait d'élément introduisant formellement une comparaison. (www.larousse.fr)

Shakespeare et Molière étaient tous deux des maîtres de la figure de rhétorique dans leurs langues respectives.

- *La beauté sans intelligence est comme un hameçon sans appât. (Molière)*
- *Le monde entier est un théâtre, et tous, hommes et femmes, n'en*

"The greatest thing by far is to be a master of metaphor. It is the one thing that cannot be learnt from others; and it is also a sign of genius." – Aristotle (Greek philosopher)

In the next few sections, we turn our attention from individual words to phrases, beginning with two types of comparison - metaphors and similes.

A metaphor is defined as a figure of speech in which a word or phrase is applied to an object or action to which it is not literally applicable, while a simile is defined as a figure of speech comparing two unlike things. (www.oxfordreference.com)

Shakespeare and Moliere were both masters of these figures of speech in their respective languages.

- *Beauty without intelligence is like a hook without bait. (Molière)*
- *All the world's a stage, and all the men and women merely players. (Shakespeare)*

It is noted that neither of the above

Voir les différences / See the differences

sont que les acteurs. (Shakespeare) Il convient de noter qu'aucune des métaphores ci-dessus n'est incluse dans ce dictionnaire car les versions française et anglaise sont des traductions littérales des citations originales. Les pages suivantes présentent une sélection captivante de métaphores et comparaisons françaises et anglaises qui utilisent des analogies uniques dans chaque langue.	metaphors are included in this dictionary because the French and English versions are direct translations of the original quotations. The following pages present an attractive smorgasbord of French and English metaphors and similes that use unique analogies in each language.

Section 4 Comparaisons – Comparisons

aussi sûr que deux et deux font quatre	as sure as eggs is eggs

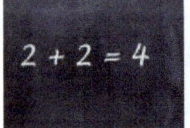
Winston Fraser

istockphoto

avoir une patience d'ange	to have the patience of Job

Winston Fraser

istockphoto

avoir une faim de loup	be hungry as a bear

istockphoto

istockphoto

boire comme un trou	to drink like a fish

istockphoto

istockphoto

avoir une fièvre de cheval	to have a raging fever

c'est du gâteau	it's as easy as pie

Andrea Fraser

istockphoto

istockphoto
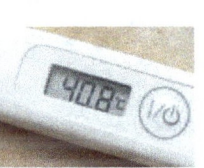
istockphoto

Voir les différences / See the differences

c'est la bouteille à l'encre	it's as clear as mud

istockphoto — Winston Fraser

c'est la croix et la bannière	it's a pain in the neck

 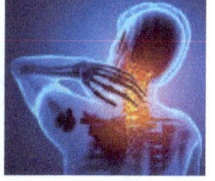

Winston Fraser — istockphoto

c'est simple comme bonjour	it's as easy as falling off a log

istockphoto — istockphoto

connaître comme sa poche	to know like the back of one's hand

 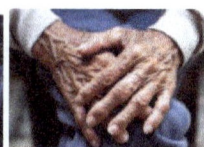

istockphoto — istockphoto

dormir comme un loir	to sleep like a log

istockphoto — istockphoto

écrire comme un cochon	to have hen scratch handwriting

istockphoto — istockphoto

Section 4 Comparaisons – Comparisons

être amis comme cochons	to be as thick as thieves

istockphoto   istockphoto

être aussi mort que Napoléon	to be as dead as a doornail

istockphoto   istockphoto

être aussi rapide qu'une tortue	to be as slow as cold molasses in January

istockphoto   istockphoto

être bête comme ses pieds	to be as thick as a brick

istockphoto   Winston Fraser

être chauve comme une boule de billard	to be as bald as a coot

istockphoto   istockphoto

être clair comme de l'eau de roche	to be crystal clear

Winston Fraser   Winston Fraser

Voir les différences / See the differences

être comme le jour et la nuit	to be as different as chalk and cheese

Kira-Marie Lazda

istockphoto

être comme un coq en pâte	to be as snug as a bug in a rug

istockphoto

istockphoto

être comme un éléphant dans un magasin de porcelaine	to be like a bull in a china shop

istockphoto

istockphoto

être comme une goutte d'eau dans l'océan	to be like a drop in the bucket

istockphoto

Winston Fraser

être fier comme Artaban	to be as proud as a peacock

© CGB Numismatique Paris

istockphoto

être fou comme un balai	to be as crazy as a loon

istockphoto

istockphoto

Section 4 Comparaisons – Comparisons

être frais comme une rose	to be as fresh as a daisy

Winston Fraser   Winston Fraser

être haut comme trois pommes	to be knee-high to a grasshopper

istockphoto   istockphoto

être heureux comme un poisson dans l'eau	to be as happy as a clam at high tide

istockphoto   istockphoto

être heureux comme un roi	to be as pleased as Punch

istockphoto   istockphoto

être jolie comme un cœur	to be as cute as a button

istockphoto   istockphoto

être la crème de la crème	to be the cream of the crop

istockphoto   Winston Fraser

Voir les différences / See the differences

être la perle rare	to be one in a million

istockphoto

istockphoto

être long comme un jour sans pain	to be as long as a month of Sundays

istockphoto

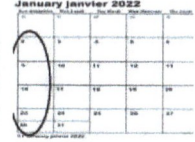
Winston Fraser

être laid comme les sept péchés capitaux	to be as ugly as sin

istockphoto

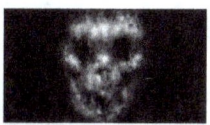
istockphoto

être maigre comme un clou	to be as thin as a rake

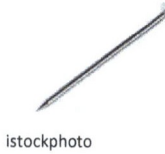
istockphoto

istockphoto

être libre comme l'air	to be as free as a bird

Winston Fraser

Winston Fraser

être malin comme un singe	to be as sly as a fox

istockphoto

istockphoto

Section 4 Comparaisons – Comparisons

être myope comme une taupe	to be as blind as a bat

istockphoto   istockphoto

être paresseux comme une couleuvre	to be lazy as a sloth

istockphoto   istockphoto

être occupé comme une abeille	to be as busy as a one-armed paper hanger

istockphoto   istockphoto

être pauvre comme Job	to be as poor as Job's turkey

istockphoto   istockphoto

être pâle comme un linge	to be as white as a ghost

istockphoto   istockphoto

être plate comme une planche	to be as flat as a pancake

istockphoto   Winston Fraser

Voir les différences / See the differences

être plein à craquer	to be bursting at the seams

être propre comme un sou neuf	to be as clean as a whistle

être raide comme un piquet	to be as stiff as a poker

être rare comme le merle blanc	to be as scarce as hen's teeth

Winston Fraser   istockphoto

être reçu comme un chien dans un jeu de quilles	to be as welcome as a bedbug

être rond comme une bille	to be as drunk as a skunk

Section 4 Comparaisons – Comparisons

être rond comme une queue de pelle	to be three sheets to the wind

être un faux jeton	to be as crooked as a snake

être rouge comme une tomate	to be as red as a lobster

être vieux comme le monde	to be as old as the hills

être sourd comme un pot	to be as deaf as a post

faire preuve d'un calme olympien	to be as cool as a cucumber

Voir les différences / See the differences

fumer comme un pompier	to smoke like a chimney

istockphoto — Winston Fraser

la vie est un jardin de roses	life is a bowl of cherries

Winston Fraser — istockphoto

manger comme un ogre	to eat like a horse

istockphoto — istockphoto

marcher comme sur des roulettes	to go like clockwork

istockphoto — istockphoto

se ressembler comme deux gouttes d'eau	to be like two peas in a pod

Winston Fraser — istockphoto

s'ennuyer comme un rat mort	to be as boring as watching paint dry

istockphoto — istockphoto

Section 4 Comparaisons – Comparisons

travailler comme un bœuf	to work like a horse

istockphoto   Winston Fraser

Voir les différences / See the differences

Section 5 Idiomes – Idioms

« La partie la plus difficile de l'anglais est, je dois le dire, les idiomes. » – Flula Borg (actrice allemande)

En effet ! Rien n'est plus complexe dans l'apprentissage d'une autre langue, que de maîtriser les expressions idiomatiques de cette langue, qu'il s'agisse de l'anglais, du français ou de toute autre langue seconde. La raison en est simple : les expressions idiomatiques dans une langue n'ont souvent que peu ou pas de sens lorsqu'elles sont traduites littéralement dans une autre langue.

Qu'est-ce qu'un idiome ?

- tout instrument de communication linguistique utilisé par telle ou telle communauté. (www.larousse.fr)

L'idiome (ou expression idiomatique) est connu des locuteurs natifs d'une langue parce qu'ils l'ont entendu si souvent. Mais pour un locuteur non natif, l'idiome représente un véritable défi. Dans mon propre cas par exemple, j'ai dû apprendre qu'« avoir mal au cœur »

"The hardest portion of English, I must say it: Idioms." – Flula Borg (German actor)

Indeed! Nothing is more challenging in learning another language than mastering that language's idioms, whether one is talking about English, French or any other second language. And the reason is very simple – idioms in one language often make little or no sense when literally translated to the other language.

What exactly is an idiom?

- a group of words established by usage as having a meaning not deducible from those of the individual words (www.oxfordreference.com)

An idiom (or idiomatic expression) is known to the native speaker of a language because they have heard it so often. But to the non-native speaker, the idiom represents a real challenge. In my own case, for example, I had to learn that "avoir mal au coeur" did not mean that the person was having a heart attack but rather was suffering from

Voir les différences / See the differences

ne signifiait pas que la personne avait une crise cardiaque, mais qu'elle souffrait plutôt de maux d'estomac; ou qu' « avoir les chevilles enflées » n'avait rien à voir avec les chevilles, mais plutôt avec une tête enflée; ou encore que la démangeaison dans ma gorge au petit matin était causée par un chat et non pas par une grenouille !

Les pages suivantes proposent un éventail haut en couleurs de certains des idiomes français et anglais les plus populaires (dont certains sont spécifiques au Québec), ainsi que quelques expressions moins connues.

a stomachache; or that "avoir les chevilles qui enflent" had nothing to do with swollen ankles but a swelled head instead; or that the cause of an early-morning scratchy feeling in my throat was caused by a cat and not a frog!

The following pages offer a colourful collection of some of the most popular French and English idioms (including some that are specific to Quebec), as well as a smattering of lesser-known expressions.

Section 5 Idiomes – Idioms

à la guerre comme à la guerre	any port in a storm

Winston Fraser

istockphoto

à marquer d'une pierre blanche	a red-letter day

istockphoto

istockphoto

à travers les branches	through the grapevine

Winston Fraser

istockphoto

accorder ses violons	to sing from the same hymn sheet

istockphoto

istockphoto

acheter chat en poche	to buy a pig in a poke

istockphoto

istockphoto

acheter pour une bouchée de pain	to buy something for a song

istockphoto

Winston Fraser

Voir les différences / See the differences

aller d'arrache-pied	to go full steam ahead

istockphoto — Winston Fraser

arrêter d'un seul coup	to go cold turkey

istockphoto — istockphoto

appeler un chat un chat	to call a spade a spade

istockphoto — istockphoto

arriver comme un cheveu sur la soupe	to come out of left field

istockphoto — istockphoto

appuyer sur le champignon	to step on the gas

 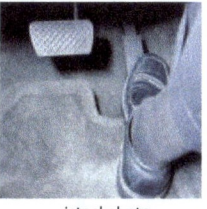

istockphoto — istockphoto

Attache ta tuque avec d'la broche ! *(Québec)*	Hold on to your hat!

ebay.com — istockphoto

Section 5 Idiomes – Idioms

attendre que le curé se mouche	to take one's own sweet time

istockphoto   istockphoto

au pied levé	at the drop of a hat

istockphoto   istockphoto

avant d'avoir pu dire « ouf »	before you can say Jack Robinson

istockphoto   istockphoto

avec des bouts de ficelle	on a shoestring

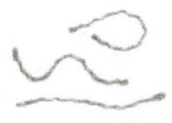 

istockphoto   istockphoto

avec fanfreluches et tralala	with all the bells and whistles

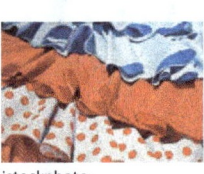 

istockphoto   Winston Fraser

avoir bon pied bon œil	to be as fit as a fiddle

istockphoto   istockphoto

Voir les différences / See the differences

avoir d'autres chats à fouetter	to have other fish to fry

istockphoto

istockphoto

avoir de l'eau dans la cave	to wear high water pants

istockphoto

istockphoto

avoir des bidous	to have the spondulix

clemontreal.org

istockphoto

avoir des croûtes à manger	to be wet behind the ears

istockphoto

istockphoto

avoir des fourmis dans les jambes	to have pins and needles in the legs

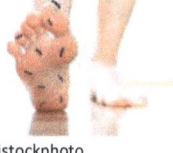
istockphoto

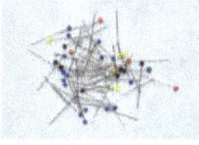
istockphoto

avoir deux mains gauches	to be all thumbs

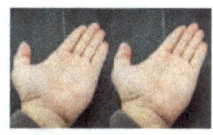
istockphoto

istockphoto

Section 5 Idiomes – Idioms

avoir du front tout le tour de la tête	to have a lot of gall

avoir la dent dure	to have a sharp tongue

avoir du pain sur la planche	have one's work cut out

avoir la frousse	to get cold feet

 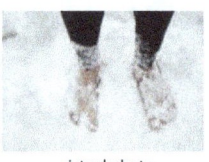

avoir la chair de poule	to have goosebumps

avoir la guédille au nez *(Québec)*	the sap is running

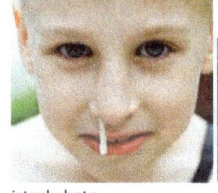 

Voir les différences / See the differences

avoir la gueule de bois	to have a hangover

Winston Fraser · istockphoto

avoir l'air magané	to look worse for the wear

istockphoto · Winston Fraser

avoir la langue bien pendue	to have the gift of the gab

istockphoto · origine inconnue

avoir le beurre et l'argent du beurre	to have your cake and eat it too

istockphoto · istockphoto

avoir la main verte	to have a green thumb

istockphoto · istockphoto

avoir le cœur sur la main	to have a heart of gold

istockphoto · istockphoto

Section 5 Idiomes – Idioms

avoir le cœur sur les lèvres	to wear one's heart on one's sleeve

 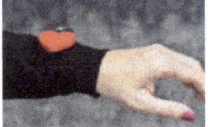

istockphoto / istockphoto

avoir le coup de foudre	to be head over heels in love

istockphoto / istockphoto

avoir le sourire jusqu'aux oreilles	to grin like a Cheshire cat

istockphoto / istockphoto

avoir le trac	to have butterflies in one's stomach

istockphoto / istockphoto

avoir l'effet d'un pétard mouillé	to go over like a lead balloon

istockphoto / istockphoto

avoir les chevilles qui enflent	to be too big for one's britches

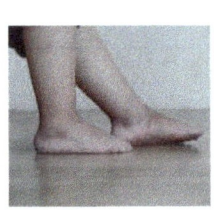 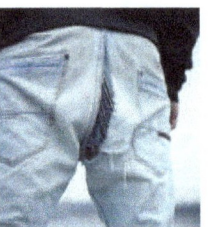

istockphoto / istockphoto

Voir les différences / See the differences

avoir les deux pieds dans la même bottine	to have two left feet

 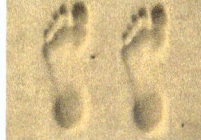

avoir les yeux plus gros que le ventre	to bite off more than one can chew

avoir l'estomac dans les talons	to be so hungry that one could eat a horse

avoir maille à partir avec quelqu'un	to have a bone to pick with someone

avoir mal au cœur	to have a stomach ache

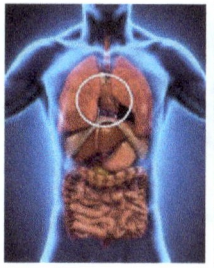 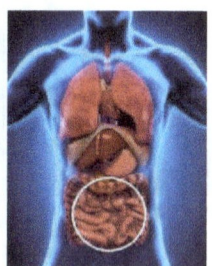

avoir un araignée au plafond	to have a screw loose

Section 5 Idiomes – Idioms

avoir un boulet au pied	to have a millstone around one's neck

istockphoto Winston Fraser

avoir un chat dans la gorge	to have a frog in one's throat

istockphoto istockphoto

avoir un estomac d'autruche	to have a cast iron stomach

istockphoto istockphoto

avoir un œil de lynx	to be eagle-eyed

istockphoto istockphoto

avoir un poil dans la main	to never do a stroke of work

istockphoto istockphoto

avoir une de ces envies de pisser qui me prend à la gorge	to have to pee so bad that one's back teeth are floating

istockphoto istockphoto

Voir les différences / See the différences

avoir une dent contre quelqu'un	to hold a grudge against someone

avoir une peur bleue	to be scared stiff

Ben voyons donc ! *(Québec)*	Come on!, You're kidding!

bousculer le pot de fleurs	to upset the applecart

brûler les étapes	to cut corners

ca m'a cassé bras et jambes	that was the last straw for me

Section 5 Idiomes – Idioms

ça prend pas la tête à Papineau	it doesn't take a Philadelphia lawyer

Casser les pieds à quelqu'un	to get on someone's nerves

istockphoto

istockphoto

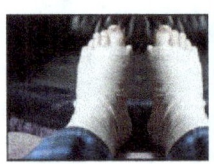
istockphoto

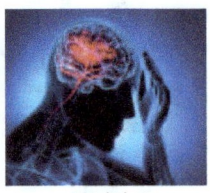
istockphoto

camper sur ses positions	to dig in one's heels

casser sa pipe	to kick the bucket

Ivy Images

Winston Fraser

istockphoto

istockphoto

casser du sucre sur le dos de quelqu'un	to talk about someone behind their back

ce n'est pas la mer à boire	it's not a big deal

istockphoto

istockphoto

Winston Fraser   istockphoto

Voir les différences / See the differences

ce sont des choses qui arrivent	that's the way the cookie crumbles

c'est bonnet blanc et blanc bonnet	it's six of one and half a dozen of the other

c'est de l'algèbre pour moi	it's all Greek to me

 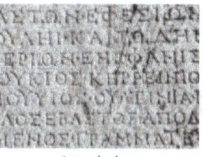

c'est de l'argent facile	it's money for old rope

c'est l'arroseur arrosé	the boot is on the other foot now

C'est le pompon !	That takes the cake!

Section 5 Idiomes – Idioms

c'est ma bête noire	it's my pet peeve

istockphoto

istockphoto

c'est pas sorcier	it's not rocket science

istockphoto

Winston Fraser

C'est pas vrai !	No way!, You're kidding!

istockphoto

c'est un jeu qui se joue à deux	it takes two to tango

istockphoto

istockphoto

chanter comme une casserole	to be unable to carry a tune in a bucket

istockphoto

istockphoto

Chapeau !	Hats off!

istockphoto

Voir les différences / See the differences

cogner des clous	to doze off

istockphoto

istockphoto

comparer des pommes et des poires	to compare apples and oranges

istockphoto

Winston Fraser

couper la poire en deux	to split the difference

istockphoto

istockphoto

couper le sifflet à quelqu'un	to shut someone up

istockphoto

istockphoto

couper l'herbe sous le pied	to pull the rug out from under someone

istockphoto

istockphoto

courir après une ombre	to chase rainbows

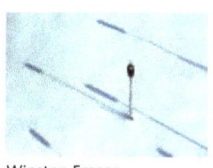
Winston Fraser

Winston Fraser

Section 5 Idiomes – Idioms

coûte que coûte	by hook or by crook

istockphoto   istockphoto

découvrir le pot aux roses	to let the cat out of the bag

istockphoto   istockphoto

coûter un bras	to cost an arm and a leg

istockphoto   istockphoto

déshabiller Pierre pour habiller Paul	to rob Peter to pay Paul

istockphoto, wikipedia   idiomland

cracher dans la soupe	to bite the hand that feeds one

istockphoto   istockphoto

des vertes et des pas mûres	to have seen a thing or two

istockphoto   istockphoto

Voir les différences / See the differences

donner de la confiture aux cochons	to cast pearls before swine

donner son 4 pourcent	to give someone the pink slip

donner n'importe quoi pour quelque chose	to give one's eye teeth for something

 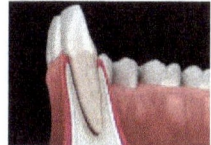

donner un coup de pied dans la fourmilière	to stir up a hornets' nest

donner sa langue au chat	to have no idea

dormir dans les cartons	to gather dust

Section 5 Idiomes – Idioms

dormir sur la switch	to be asleep at the wheel

dormir sur ses deux oreilles	to sleep like a baby

Winston Fraser

écraser une mouche avec un gant de boxe	to use a sledgehammer to crack a nut

employer les grands moyens	to play hardball with someone

en avoir plein son casque *(Québec)*	to be fed up

en deux coups de cuiller à pot	in two shakes of a lamb's tail

Voir les différences / See the differences

en faire tout un plat de quelque chose	to make a big deal about something

istockphoto

istockphoto

en un mot	in a nutshell

istockphoto

istockphoto

entendre une mouche voler	to hear a pin drop

istockphoto

istockphoto

et patati et patata	to be running off at the mouth

istockphoto

istockphoto

être à deux doigts de	to be within a hair's breadth

istockphoto

istockphoto

être à deux pas d'ici	to be just a stone's throw away

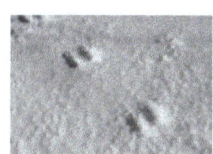
Winston Fraser

Winston Fraser

Section 5 Idiomes – Idioms

être à l'ouest	to be out of it, in a daze

Winston Fraser

istockphoto

être à la barbe de quelqu'un	to be right under someone's nose

istockphoto

istockphoto

être assis entre deux chaises	to be sitting on the fence

Winston Fraser

Winston Fraser

être au bout du rouleau	to be at the end of one's rope

istockphoto

istockphoto

être au four et au moulin	to be in two places at once

istockphoto

Winston Fraser

être au parfum	to be in the know

Winston Fraser

Winston Fraser

Voir les différences / See the differences

être aux anges	to be over the moon

istockphoto istockphoto

être aux premières loges	to have a ringside seat

istockphoto istockphoto

être complètement cinglé	to be as nutty as a fruitcake

istockphoto istockphoto

être couvert de ridicule	to have egg on one's face

istockphoto istockphoto

être dans la dèche	to be broke

istockphoto istockphoto

être dans la lune	to be off in the clouds somewhere

istockphoto Winston Fraser

Section 5 Idiomes – Idioms

être dans le pétrin	to be in a pickle

backwoodshome.com

istockphoto

être dans les tiroirs	to be on the back burner

istockphoto

dianaderringer.com

être dans tous ses états	to have one's knickers in a twist

istockphoto

istockphoto

être dans une colère noire	to see red

istockphoto

istockphoto

être en perte de vitesse	to run out of steam

istockphoto

Winston Fraser

être entre le marteau et l'enclume	to be between a rock and a hard place

istockphoto

Winston Fraser

Voir les différences / See the differences

être fourré dans les jupes de sa mère	to be tied to their mother's apron-strings

istockphoto — istockphoto

être frais et dispos	to be bright-eyed and bushy-tailed

istockphoto — istockphoto

être kif-kif	to be a toss up

istockphoto — istockphoto

être la goutte d'eau qui fait déborder le vase	to be the straw that broke the camel's back

istockphoto — Winston Fraser

être la mouche du coche	to be a backseat driver

origine inconnue — istockphoto

être la petite Sainte Nitouche	to be a goody two shoes

fr.wikiversity.org — istockphoto

Section 5 Idiomes – Idioms

être la prunelle de ses yeux	to be the apple of one's eye

istockphoto — istockphoto

être le dindon de la farce	to be taken for a ride

istockphoto — Winston Fraser

être la tête de Turc	to be the scapegoat or whipping boy

 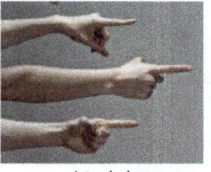

istockphoto — istockphoto

être le grand banditisme	to be highway robbery

istockphoto — istockphoto

être le boss des bécosses *(Québec)*	to be the straw boss

Winston Fraser — istockphoto

être le sujet qui fâche	to be the elephant in the room

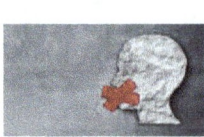 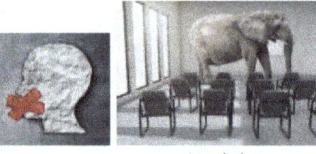

istockphoto — istockphoto

83

Voir les différences / See the differences

être libre comme l'air	to be footloose and fancy-free

Winston Fraser — istockphoto

être logé à la même enseigne	to be in the same boat

istockphoto — Winston Fraser

être né coiffé	to be born with a silver spoon in one's mouth

Winston Fraser — istockphoto

être plus royaliste que le roi	to be more Catholic than the Pope

Winston Fraser — istockphoto

être pris entre deux feux	to be between the devil and the deep blue sea

istockphoto — Winston Fraser

être pris la main dans le sac	to be caught red-handed

istockphoto — PeterBunney.com

Section 5 Idiomes – Idioms

être rat de bibliothèque	to be a real bookworm

être soupe au lait	to have a short fuse

être sous la coupe de quelqu'un	to be under someone's thumb

être tenu en haleine	to be on the edge of one's seat

être un moulin à paroles	to be a real chatterbox

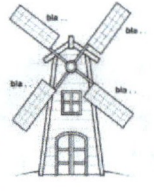 

être un rabat-joie	to be a stick in the mud

Voir les différences / See the differences

être une autre paire de manches	to be a different kettle of fish

istockphoto

istockphoto

être vite sur ses patins	to be on the ball

istockphoto

Winston Fraser

faire bouillir la marmite	to bring home the bacon

istockphoto

istockphoto

faire contre mauvaise fortune bon cœur	to grin and bear it

istockphoto

istockphoto

faire des économies de bout de chandelle	to be penny wise and pound foolish

istockphoto

istockphoto

faire des pieds et des mains	to move heaven and earth

istockphoto

Winston Fraser

Section 5 Idiomes – Idioms

faire la manche	to panhandle

istockphoto   istockphoto

faire le poireau	to cool one's heels

istockphoto   idioms4you.com

faire le pont	to take a long weekend

Winston Fraser   istockphoto

faire peau neuve	to turn over a new leaf

istockphoto   istockphoto

faire prendre des vessies pour des lanternes	to pull the wool over someone's eyes

Winston Fraser   istockphoto

faire tache	to stick out like a sore thumb

 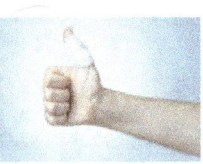

istockphoto   istockphoto

Voir les différences / See the differences

faire tourner en bourrique	to drive someone up the wall

faire une tempête dans un verre d'eau	to be a tempest in a teapot

faire tout ce qui est en son pouvoir	to do one's level best

fermer la cage après que les oiseaux se sont envolés	to shut the barn door after the horse has escaped

faire un tabac	to be a big hit

filer à l'anglaise	to take French leave

Section 5 Idiomes – Idioms

finir en queue de poisson	to fizzle out

Winston Fraser   istockphoto

fleurons d'une couronne	a feather in one's cap

istockphoto   istockphoto

gagner son ciel	to earn one's ticket to heaven

Winston Fraser   istockphoto

garder la tête haute	to keep one's chin up

istockphoto   Winston Fraser

garder une poire pour la soif	to save for a rainy day

istockphoto   Winston Fraser

graisser la patte de quelqu'un	to grease someone's palm

istockphoto   istockphoto

Voir les différences / See the differences

il pleut des cordes	it's raining cats and dogs

istockphoto

lucy ogletree

il fait lourd	it is muggy *(sultry)*

Winston Fraser

istockphoto

Il fait un froid de canard	it's cold enough to freeze the balls off a brass monkey

istockphoto

Winston Fraser

il fait un vent à décorner des bœufs	it's windy enough to knock one off their feet

istockphoto

istockphoto

il n'y a pas le feu	hold your horses

istockphoto

Winston Fraser

il n'y a pas un chat	there's not a soul

istockphoto

istockphoto

Section 5 Idiomes – Idioms

il se prend pour le premier moutardier du pape	he thinks that he is the cat's whiskers

istockphoto   istockphoto

Il tombe des peaux de lièvre *(Québec)*	it's snowing sugar-snow

istockphoto   Winston Fraser

il y a anguille sous roche	to smell a rat

istockphoto   istockphoto

Il y en a à la pelle	they're a dime a dozen

istockphoto   istockphoto

J'ai les oreilles qui sifflent	my ears are burning

istockphoto   istockphoto

j'ai le cafard	I'm down in the dumps

istockphoto   istockphoto

Voir les différences / See the differences

J'ai mon voyage ! *(Québec)*	Now I've seen it all!

Winston Fraser

istockphoto

jouer le tout pour le tout	to go for broke

istockphoto

istockphoto

jeter l'argent par les fenêtres	to throw money down the drain

francaisavecpierre.com

istockphoto

jouer les seconds couteaux	to play second fiddle

istockphoto

istockphoto

jeter l'éponge	to throw in the towel

istockphoto

istockphoto

jouer les trouble-fêtes	to rock the boat

istockphoto

istockphoto

Section 5 Idiomes – Idioms

jusqu'à la Saint-Glinglin	till the cows come home

lâcher son fou	to let loose

j'y perds mon latin	I can't make head nor tail of it

 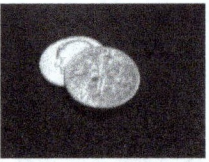

L'affaire est ketchup ! *(Québec)*	Mission accomplished!

la pelle se moque du fourgon	the pot calls the kettle black

laisser tomber comme une vieille chaussette	to drop like a hot potato

Voir les différences / See the differences

lancer un pavé dans la mare	to set the cat among the pigeons

l'argent ne tombe pas du ciel	money does not grow on trees

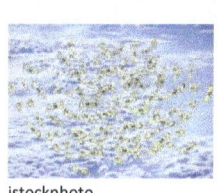

l'échapper belle	to have a close shave

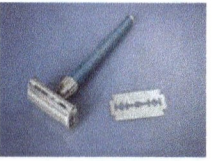

les bras m'en tombent	to be flabbergasted

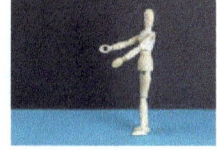

les carottes sont cuites	the chips are down

les doigts dans le nez	with one's eyes closed

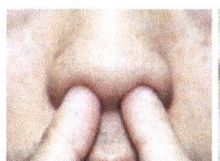
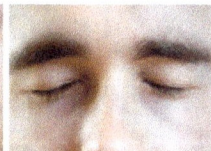

Section 5 Idiomes – Idioms

lever le lièvre	to raise a thorny issue

istockphoto   Winston Fraser

l'ordre hiérarchique	the pecking order

istockphoto   istockphoto

mâcher le travail à quelqu'un	to spoon-feed someone

 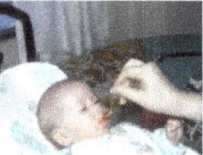

birdwatchinghq.com   Winston Fraser

manger à tous les râteliers	to be all things to all people

istockphoto   istockphoto

manger le morceau	to spill the beans

istockphoto   istockphoto

manger sur le pouce	to eat on the run

istockphoto   istockphoto

Voir les différences / See the differences

manger une claque *(Québec)*	to get a kick in the teeth

istockphoto

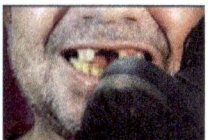
istockphoto, Greg Beck

marcher sur la pointe des pieds	to tiptoe through the tulips

istockphoto

istockphoto

marcher les fesses serrées *(Québec)*	to keep a low profile

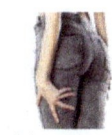
istockphoto

istockphoto

ménager la chèvre et le chou	to straddle the fence

istockphoto

istockphoto

marcher sur des œufs	to walk on eggshells

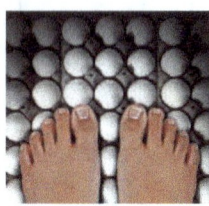
istockphoto

istockphoto

mener à la baguette	to rule with an iron fist

istockphoto

istockphoto

Section 5 Idiomes – Idioms

mener grand train	to live high on the hog

istockphoto   etsy

mener quelqu'un en bateau	to lead someone up the garden path

Winston Fraser   Winston Fraser

mener une vie de château	to live the life of riley

Winston Fraser   istockphoto

mettre des bâtons dans les roues	to throw a monkey wrench into the works

istockphoto   istockphoto

mettre la charrue avant les bœufs	to put the cart before the horse

francaisavecpierre.com   origine inconnue

mettre la main à la pâte	to put one's shoulder to the wheel

istockphoto   dartblog.com

Voir les différences / See the differences

mettre le loup dans la bergerie	to put the fox in charge of the henhouse

istockphoto · istockphoto

mettre les petits plats dans les grands	to pull out all the stops

istockphoto · istockphoto

mettre les pieds dans le plat	to put one's foot in one's mouth

istockphoto · istockphoto

mettre sa main au feu	to bet one's life on it

istockphoto · istockphoto

mettre son grain de sel	to put in one's two cents worth

istockphoto · istockphoto

mettre son nez partout	to have a finger in every pie

istockphoto · istockphoto

Section 5 Idiomes – Idioms

mettre sur la sellette	to call on the carpet

mon intuition me dit	my gut tells me

istockphoto   idiomland.tumblr.com

 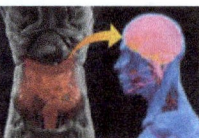
istockphoto   istockphoto

mettre tout le monde dans le même sac	to tar everyone with the same brush

mon petit doigt me l'a dit	a little birdie told me

istockphoto   istockphoto

istockphoto   Winston Fraser

mon chien est mort	my goose is cooked

motus et bouche cousue	to keep it under one's hat

istockphoto   istockphoto

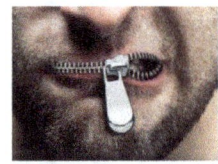 
istockphoto   istockphoto

Voir les différences / See the differences

ne connaître quelqu'un ni d'Eve, ni d'Adam	to not know someone from Adam

istockphoto   istockphoto

ne pas avoir la langue dans sa poche	to speak one's mind

istockphoto   istockphoto

ne pas avoir la lumière à tous les étages	the lights are on but nobody's home

istockphoto   Winston Fraser

ne pas casser trois pattes à un canard	it's nothing to write home about

istockphoto   istockphoto

ne pas être dans son assiette	to be feeling under the weather

istockphoto   istockphoto

ne pas être sorti de l'auberge	to not be out of the woods

istockphoto   Winston Fraser

Section 5 Idiomes – Idioms

ne pas être tombé de la dernière pluie	not to have been born yesterday

francaisavecpierre.com

istockphoto

ne pas savoir où donner de la tête	to not know which way to turn

istockphoto

istockphoto

ne pas se sentir dans son élément	to be like a fish out of water

ne pas être vraiment une lumière	not to be the sharpest tool in the shed

istockphoto

Winston Fraser

Winston Fraser

istockphoto

ne pas lâcher la patate *(Québec)*	to hang in there

ne pas tenir la route	to not hold water

Winston Fraser

istockphoto

istockphoto

istockphoto

Voir les différences / See the differences

ne pas y aller avec le dos de la cuillère	not to go in for half measures

istockphoto   istockphoto

Oh ! Hisse !	Heave-ho!

istockphoto

n'être plus tout jeune	to be long in the tooth

istockphoto   istockphoto

ouvrir le bal	to get the ball rolling

istockphoto   istockphoto

niaiser avec la puck *(Québec)*	to beat around the bush

istockphoto   Winston Fraser

parler de la pluie et du beau temps	to make small talk

 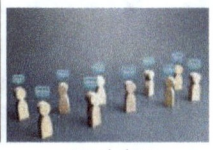

Winston Fraser   istockphoto

Section 5 Idiomes – Idioms

pas d'chicane dans ma cabane *(Québec)*	don't butt heads

istockphoto   Winston Fraser

passer au crible	to go over with a fine tooth comb

istockphoto   istockphoto

passer de la misère à la richesse	to go from rags to riches

istockphoto   istockphoto

passer la nuit sur la corde à linge	to burn midnight oil

Winston Fraser   istockphoto

passer sous les fourches caudines	to eat crow

france-pittoresque com   istockphoto

passer par quatre chemins	to beat around the bush

istockphoto   istockphoto

Voir les différences / See the differences

passer un sapin	to hoodwink someone

Winston Fraser — istockphoto

payer en monnaie de singe	to pay with Monopoly money

istockphoto — istockphoto

perdre la boule	to go off one's rocker

istockphoto — Winston Fraser

perdre le fil de l'histoire	to lose one's train of thoughts

istockphoto — istockphoto

Perdre les pédales	to lose it

istockphoto — istockphoto

péter une coche	to blow a fuse

istockphoto — istockphoto

Section 5 Idiomes – Idioms

piquer du nez *(Québec)*	to nod off

piquer une fouille	to take a tumble

placer un mot	to get a word in edgeways

plus de bruit que de mal	the bark is worse than the bite

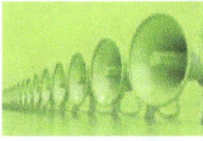 

porter de l'eau à la rivière	to carry coals to Newcastle

poser un lapin à quelqu'un	to stand someone up

Voir les différences / See the differences

pratiquer la politique de l'autruche	to bury one's head in the sand

istockphoto

istockphoto

prendre avec des pincettes	to handle with kid gloves

istockphoto

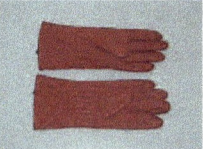
Winston Fraser

prendre le train en marche	to jump on the bandwagon

istockphoto

istockphoto

prendre pour argent comptant	to take for the gospel truth

istockphoto

Winston Fraser

prendre ses jambes à son cou	to take to one's heels

istockphoto

istockphoto

quand les poules auront des dents	when pigs fly

istockphoto

istockphoto

Section 5 Idiomes – Idioms

quand on parle du loup, on en voit la queue	speak of the devil and he appears

istockphoto

istockphoto

Quel temps de chien !	What lousy weather!

istockphoto

istockphoto

qu'il pleuve ou qu'il vente	come rain or shine

istockphoto

Winston Fraser

quoi qu'il arrive	come hell or high water

istockphoto

istockphoto

racler les fonds de tiroir	to scrape the bottom of the barrel

istockphoto

istockphoto

raconter des salades	to spin yarns

Greg Beck

Winston Fraser

107

Voir les différences / See the differences

ramener sa fraise	to stick one's nose in

Winston Fraser Winston Fraser

rater le coche	to miss the boat

istockphoto istockphoto

remuer ciel et terre	to leave no stone unturned

Winston Fraser Winston Fraser

reprendre le collier	to get back into harness

istockphoto istockphoto

rester le bec dans l'eau	to be left high and dry

istockphoto Winston Fraser

retour à la case départ	to go back to the drawing board

istockphoto istockphoto

108

Section 5 Idiomes – Idioms

réussir haut la main	to pass with flying colors

Winston Fraser — Winston Fraser

revenons à nos moutons	let's get back on track

Winston Fraser — Winston Fraser

rire dans sa barbe	to laugh behind someone's back

istockphoto — istockphoto

rouler sur l'or	to be rolling in money

istockphoto — istockphoto

s'amuser comme un fou	to have a whale of a time

istockphoto — istockphoto

sans compter ses heures	without watching the clock

Winston Fraser — istockphoto

109

Voir les différences / See the differences

sauter au plafond	to hit the roof

istockphoto

istockphoto

sauter du coq à l'âne	to go off on a tangent

istockphoto

istockphoto

sauver les meubles	to do damage control

istockphoto

istockphoto

scier la branche sur laquelle on est assis	to shoot oneself in the foot

istockphoto

istockphoto

se battre bec et ongles	to fight tooth and nail

Winston Fraser

istockphoto

se battre contre les moulins à vent	to flog a dead horse

Winston Fraser

Winston Fraser

Section 5 Idiomes – Idioms

se calmer le pompon *(Québec)*	to calm one's hormones

se comporter comme un mouton de Panurge	to behave like lemmings

se creuser la tête	to rack one's brain

se faire avoir comme un bleu	to swallow hook, line and sinker

se faire mousser	to blow one's own horn

se faire remonter les bretelles	to pull up one's socks

Voir les différences / See the differences

se faire tirer l'oreille	to drag one's feet

istockphoto   istockphoto

se lever du pied gauche	to get up on the wrong side of the bed

istockphoto   istockphoto

se mettre dans une impasse	to paint oneself into a corner

istockphoto   istockphoto

se mettre le doigt dans l'œil	to bark up the wrong tree

istockphoto   istockphoto

se mouiller	to stick one's neck out

Winston Fraser   istockphoto

se noyer dans un verre d'eau	to make a mountain out of a molehill

istockphoto   istockphoto

Section 5 Idiomes – Idioms

se paqueter la fraise	to get punch drunk

istockphoto   istockphoto

se plier en quatre	to bend over backwards

istockphoto   istockphoto

se pogner le beigne	to twiddle one's thumbs

istockphoto   istockphoto

se prendre un râteau	to get dumped

francaisavecpierre.com   istockphoto

se regarder en chiens de faïence	to look daggers at each other

istockphoto   istockphoto

se renvoyer la balle	to pass the buck

istockphoto   cutlery.usa

Voir les différences / See the differences

se sucrer le bec	to have a sweet tooth

Winston Fraser

istockphoto

se tordre de rire	to be rolling in the aisles

istockphoto

istockphoto

se vendre comme des petits pains	to sell like hot cakes

istockphoto

Winston Fraser

sécher les cours	to play hookey

istockphoto

istockphoto

sentir le sapin	to have one foot in the grave

Winston Fraser

istockphoto

s'occuper de ses oignons	to keep one's nose out of someone else's business

istockphoto

Winston Fraser

Section 5 Idiomes – Idioms

sortir de l'ombre	to come out of the woodwork

sur des charbons ardents	to be on tenterhooks

sortir de ses gonds	to fly off the handle

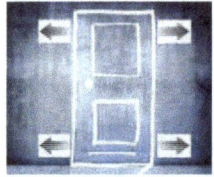 

sur-le-champ	right off the bat

spectacle de cirque	a dog and pony show

tailler une bavette	to shoot the breeze

Voir les différences / See the differences

taper dans le mille	to hit the nail on the head

istockphoto — istockphoto

taper sur les nerfs de quelqu'un	to get someone's goat

istockphoto — Winston Fraser

Tiguidou ! *(Québec)*	Great!, A-okay!

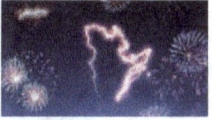

istockphoto

tire-toi une bûche *(Québec)*	pull up a chair

Winston Fraser — Winston Fraser

tirer la couverture de son bord *(Québec)*	to hog the blanket

istockphoto — istockphoto

tirer le diable par la queue	to struggle to make ends meet

istockphoto — istockphoto

Section 5 Idiomes – Idioms

tirer le rideau sur quelque chose	to sweep something under the carpet

tomber dans la gueule du loup	put one's head in the lion's den

tomber dans les pommes	to keel over

tomber de Charybde en Scylla	out of the frying pan and into the fire

tomber en panne	to be on the blink

tomber entre les mailles du filet	to fall through the cracks

Voir les différences / See the differences

tourner au vinaigre	to turn sour

istockphoto

istockphoto

tousser comme un bœuf	to cough one's head off

istockphoto   istockphoto

tourner les coins ronds	to take shortcuts

Winston Fraser

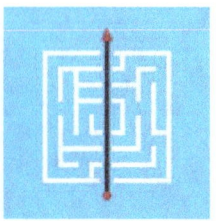
istockphoto

trafiquer les comptes	to cook the books

istockphoto   123rf.com

tous les trente-six du mois	once in a blue moon

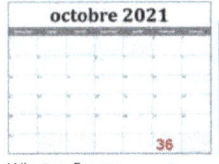
Winston Fraser

istockphoto

travailler d'arrache-pied	to work flat out

istockphoto

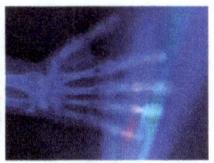
istockphoto

Section 5 Idiomes – Idioms

très pince-sans-rire	tongue-in-cheek

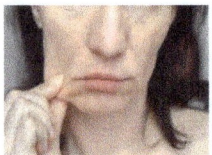 

istockphoto   istockphoto

trois fois rien	for a song

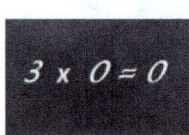 

Winston Fraser   istockphoto

tuer la poule aux œufs d'or	to kill the goose that lays the golden egg

istockphoto   istockphoto

un coup de tonnerre	a bolt from the blue

istockphoto   istockphoto

un dur à cuire	a hard nut to crack

istockphoto   istockphoto

un feu de paille	a flash in the pan

istockphoto   istockphoto

Voir les différences / See the differences

un mal pour un bien	a blessing in disguise

istockphoto   Winston Fraser

un panier de crabes	a can of worms

istockphoto   istockphoto

un perdreau de l'année	a spring chicken

istockphoto   istockphoto

un soleil de plomb	a blazing sun

istockphoto   istockphoto

un succès fou	a land-office business

istockphoto   istockphoto

un travail de titan	a Herculean task

istockphoto   istockphoto

Section 5 Idiomes – Idioms

une histoire sans queue ni tête	a cock and bull story

une ombre au tableau	a fly in the ointment

une promesse en l'air	an empty promise

une vache à lait	a cash cow

Va te faire cuire un œuf !	Go jump in the lake!

végéter devant la télévision	to be a couch potato

Voir les différences / See the differences

vider son sac	to get off one's chest

istockphoto istockphoto

voler la vedette à quelqu'un	to steal someone's thunder

istockphoto istockphoto

voir 36 chandelles	to see stars

istockphoto dreamstime

voler de ses propres ailes	to stand on one's own two feet

istockphoto Winston Fraser

Section 6 Proverbes – Proverbs

« Un proverbe est quelquefois meilleur que deux bons avis. » – Gabriel Meurier (grammairien et lexicographe français)

Les définitions suivantes donnent une image claire de ce qu'est un proverbe :

- court énoncé devenu d'usage commun et exprimant un conseil populaire, une vérité de bon sens ou d'expérience (www.larousse.fr)
- formule présentant des caractères formels stables, souvent figurée, exprimant une vérité d'expérience ou un conseil de sagesse pratique. (www.lerobert.com)

Les proverbes ont une histoire longue et intéressante, et existent dans toutes les cultures. Le premier recueil connu de dictons proverbiaux, **les Maximes de Ptahhotep,** remonte à 2500 av. J.-C. en Grèce antique. La collection de proverbes la plus connue est le Livre des Proverbes de la Bible dont sont

"A proverb is sometimes better than two pieces of advice." – Gabriel Meurier (French lexicographer and grammarian)

The following definitions together provide a clear picture of what a proverb represents.

- A **short pithy saying** in general use; a concise sentence, often metaphorical or alliterative in form, stating a general truth or piece of advice. (www.oxfordreference.com)
- a **short well-known saying** containing a wise thought (www.merriam-webster.com)

Proverbs have a long and interesting history and are found in all cultures. The earliest known compendium of proverbial sayings dates to 2500 B.C. in ancient Greece with the publication of **The Maxims of Ptahhotep**. The best-known collection of proverbs is the biblical Book of Proverbs from which many common proverbs are derived.

Voir les différences / See the differences

issus de nombreux proverbes courants. Les pages suivantes fournissent une sélection de tels extraits de sagesse qui utilisent des expressions différentes en français et en anglais.	The following pages list a selection of such morsels of wisdom that use differing expressions in French and English.

Section 6 Proverbes – Proverbs

À bon chat bon rat.	Tit for tat.

À chaque oiseau son nid est beau.	There is no place like home.

Winston Fraser

À chaque pot son couvercle.	Every Jack has his Jill.

À colombe saoule, les cerises sont amères.	One can have too much of a good thing.

À force de taper sur le clou, on finit par l'enfoncer.	Feather by feather, the goose is plucked.

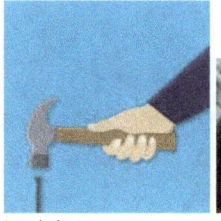

À l'œuvre on connaît l'artisan.	The tree is known by its fruit.

Voir les différences / See the differences

À l'ongle on connaît le lion.	A leopard is known by its spots.

istockphoto — istockphoto

À quelque-chose malheur est bon.	Every cloud has a silver lining.

istockphoto — Winston Fraser

À qui a faim, tout est pain.	Hungry dogs will eat dirty pudding.

istockphoto — istockphoto

À une femme et à une vieille maison, il y a toujours à refaire.	A woman and a ship ever want mending.

istockphoto — istockphoto

Aimez votre voisin, mais n'abattez pas la haie.	Good fences make good neighbours.

istockphoto — istockphoto

Amour, toux, fumée, argent ne peuvent se cacher longtemps.	Love and a cough cannot be hid.

istockphoto — istockphoto

Section 6 Proverbes – Proverbs

Âne avec le cheval n'attèle.	Like blood, like good, and like age, make the happiest marriage.

 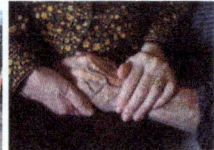

Après la pluie, le beau temps.	The darkest hour is just before dawn.

Au fond du taillis sont les mûres.	He that would have the fruit must climb the tree.

Au pauvre un œuf vaut un bœuf.	Poor folks are glad of porridge.

Autant de têtes, autant d'avis.	Too many cooks spoil the broth.

Autant meurt veau que vache.	Young men may die, but old men must die.

Voir les différences / See the differences

Aux chevaux maigres vont les mouches.	Poor suffer all the wrong.

istockphoto   istockphoto

Aux idiots l'argent file entre les doigts.	A fool and his money are soon parted.

istockphoto   istockphoto

Avec des si, on mettrait Paris en bouteille.	If wishes were horses, beggars would ride.

istockphoto   istockphoto

Beau boucaut, mauvaise morue.	A fair face may hide a foul heart.

Winston Fraser   istockphoto

Bien de fortune passe comme la lune.	Fortune is made of glass.

istockphoto   istockphoto

Bonjour lunettes, adieu fillettes.	Grey hairs are death's blossoms.

istockphoto   istockphoto

Section 6 Proverbes – Proverbs

Bonne renommée vaut mieux que ceinture dorée.	A good name is better than riches.

Ce n'est pas tous les jours fête.	Life is not all honey and roses.

dreamstime   istockphoto   istockphoto   istockphoto

Ce n'est fini qu'à la fin.	The opera ain't over till the fat lady sings.

Ce qui est fait est fait.	There is no use crying over spilt milk.

istockphoto   istockphoto   Winston Fraser   istockphoto

Ce n'est pas tous les jours dimanche.	Christmas comes but once a year.

Celui qui laboure le champ le mange.	He that will eat the kernel must crack the nut.

istockphoto   Winston Fraser   Winston Fraser   istockphoto

Voir les différences / See the differences

Celui qui paie les violons choisit la musique.	He who pays the piper calls the tune.

Winston Fraser — Winston Fraser

C'est au fruit que l'on juge l'arbre.	The proof of the pudding is in the eating.

Winston Fraser — istockphoto

C'est en forgeant qu'on devient forgeron.	Practice makes perfect.

Winston Fraser — Winston Fraser

C'est là où la barrière est basse que le bœuf l'enjambe.	Cross the stream where it is shallowest.

istockphoto — istockphoto

Chacun prêche pour son saint.	Every miller draws water to his mill.

Winston Fraser — Winston Fraser

Chacun se plaint que son grenier n'est pas plein.	Every horse thinks his own pack heaviest.

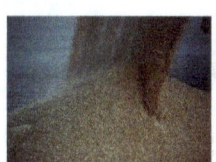 

istockphoto — istockphoto

Section 6 Proverbes – Proverbs

Chacun son métier, les vaches seront bien gardées.	Let the cobbler stick to his last.		Charbonnier est maitre chez lui.	A man's home is his castle.

Winston Fraser

istockphoto

france-pittoresque.com

Winston Fraser

Chaque torchon trouve sa guenille.	There is a lid for every pot.		Chat échaudé craint l'eau froide.	Once bitten, twice shy.

istockphoto

istockphoto

istockphoto

istockphoto

Chaque vin a sa lie.	Every path has its puddle.		Contre le tonnerre ne pète.	It is often better to swim with the stream.

istockphoto

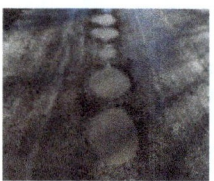
istockphoto

Winston Fraser

Winston Fraser

Voir les différences / See the differences

Dans les petits pots, les bons onguents.	Good things come in small packages.

istockphoto

istockphoto

De trop près se chauffe qui se brûle.	He that gazes upon the sun shall at last be blind.

istockphoto

istockphoto

Dans les vieux pots la bonne soupe.	There is many a good tune played on old fiddles.

istockphoto

istockphoto

Du bâton que l'on tient on est souvent battu.	He that sows thistles shall reap prickles.

istockphoto

istockphoto

De nuit, le blé semble farine.	All cats are grey in the dark.

istockphoto

istockphoto

En avril, ne te découvre pas d'un fil.	Ne'er cast a clout till May be out.

istockphoto

Winston Fraser

132

Section 6 Proverbes – Proverbs

En parlant du soleil, on en voit les rayons.	Talk of angels and you will hear the flutter of their wings.

Winston Fraser / istockphoto

Entre la chair et la chemise il faut cacher le bien qu'on fait.	Let not thy left hand know what thy right hand doeth.

istockphoto / istockphoto

Faute de grives, on mange des merles.	Beggars can't be choosers.

Winston Fraser / istockphoto

Gouverne ta bouche selon ta bourse.	Cut your coat according to your cloth.

istockphoto / istockphoto

Homme seul est viande à loups.	The lone sheep is in danger of the wolf.

istockphoto / Winston Fraser

Il faut attendre à cueillir la poire qu'elle soit mûre.	When the apple is ripe, it will fall.

istockphoto / istockphoto

Voir les différences / See the differences

Il faut avoir deux cordes à son arc.	Although it may rain, cast not away the watering pot.

istockphoto — istockphoto

Il faut battre le fer tant qu'il est chaud.	Make hay while the sun shines.

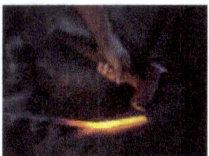 

istockphoto — Winston Fraser

Il faut casser le noyau pour avoir l'amande.	No pain no gain.

istockphoto — Winston Fraser

Il faut être matelot avant d'être capitaine.	We must learn to walk before we can run.

 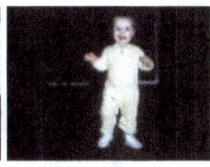

istockphoto — Winston Fraser

Il faut faire tourner le moulin lorsque le vent souffle.	Gather ye rosebuds while ye may.

Winston Fraser — istockphoto

Il faut laisser couler l'eau.	Don't throw straws against the wind.

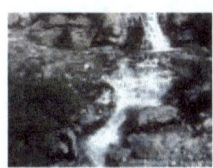 

Winston Fraser — istockphoto

Section 6 Proverbes – Proverbs

Il faut perdre un vairon pour pêcher un saumon.	Throw out a sprat to catch a mackerel.

istockphoto

istockphoto

Il faut saisir l'occasion aux cheveux.	Opportunity seldom knocks twice.

istockphoto

istockphoto

Il faut réfléchir avant d'agir.	Look before you leap.

Winston Fraser

istockphoto

Il ne faut pas chercher le mouton à cinq pattes.	It's no good crying for the moon.

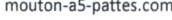

mouton-a5-pattes.com

istockphoto

Il faut rire avant d'être heureux, de peur de mourir sans avoir ri.	Laughter is the best medicine.

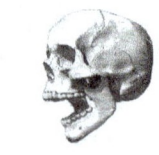
istockphoto

istockphoto

Il ne faut pas manger son blé en herbe.	Don't eat the calf in the cow's belly.

Winston Fraser

istockphoto

Voir les différences / See the differences

Il ne faut pas mélanger les torchons et les serviettes.	Separate the sheep from the goats.

Il ne faut pas pécher par excès de zèle.	Don't throw out the baby with the bath water.

Il ne faut pas vendre la peau de l'ours avant de l'avoir tué.	Don't count your chickens before they're hatched.

Il n'est rien comme les vieux ciseaux pour couper la soie.	An old ox makes a straight furrow.

Winston Fraser

Il n'y a pas de petit profit.	A penny saved is a penny earned.

Il n'y a pas de plume tombée sans oiseau plumé.	One cannot make an omelette without breaking eggs.

Section 6 Proverbes – Proverbs

Il n'y a pas que le travail dans la vie.	All work and no play makes Jack a dull boy.

istockphoto

Winston Fraser

Il suffit d'une brebis galeuse pour gâter tout le troupeau.	It takes only one rotten apple to spoil the whole barrel.

istockphoto

istockphoto

Il suffit d'une cuillère de goudron pour gâter un tonneau de miel.	One drop of poison infects the whole tun of wine.

istockphoto

istockphoto

Il vaut mieux aller au moulin qu'au médecin.	An apple a day keeps the doctor away.

istockphoto

istockphoto

Il vaut mieux être cheval que charrette.	It is better to be the hammer than the anvil.

Winston Fraser

istockphoto

Il vaut mieux s'adresser à Dieu qu'à ses saints.	It's better to go straight to the top.

Winston Fraser

Winston Fraser

Voir les différences / See the differences

Jamais deux sans trois.	Misery loves company.

Winston Fraser   Winston Fraser

La barbe ne fait pas le philosophe.	If the beard were all, the goat might preach.

istockphoto   istockphoto

La bave du crapaud n'atteint pas la blanche colombe.	Sticks and stones may break my bones, but words will never hurt me.

istockphoto   istockphoto

La beauté ne sale pas la marmite.	Beauty won't make the pot boil.

istockphoto   istockphoto

La belle cage ne nourrit pas l'oiseau.	He who gives fair words feeds you with empty spoon.

istockphoto   istockphoto

La branche chargée de fruits s'incline.	A shoe that is too large is apt to trip one.

Winston Fraser   istockphoto

Section 6 Proverbes – Proverbs

La diversité est le sel de la vie.	Variety is the spice of life.

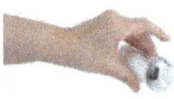 

istockphoto · istockphoto

La langue va où la dent fait mal.	The foot knows where the shoe pinches.

istockphoto · istockphoto

La peur a bon pas.	Fear gives wings.

istockphoto · istockphoto

La pierre va toujours au tas.	He that has plenty of goods shall have more.

Winston Fraser · istockphoto

La religion ne nous fait pas bons, mais elle nous empêche de devenir trop mauvais.	A man without religion is like a horse without a bridle.

istockphoto · istockphoto

La roue tourne.	Every doggie has his day.

Winston Fraser · Andrea Fraser

Voir les différences / See the differences

La vérité, comme l'huile, vient au-dessus.	It takes a good many shovelfuls of earth to bury the truth.

L'argent est roi.	Money talks.

L'aigle d'une maison n'est qu'un sot dans une autre.	A lion at home, a mouse abroad.

Lavez chien, peignez chien, toutefois n'est chien que chien.	A rose is a rose is a rose is a rose.

L'amour apprend aux ânes à danser.	Love makes a wit of the fool.

Le bois tordu fait le feu droit.	A straight stick is crooked in the water.

Section 6 Proverbes – Proverbs

Le gourmand creuse sa fosse avec ses dents.	The glutton commits suicide with his fork.

Le monde appartient à ceux qui se lèvent tôt.	The early bird catches the worm.

Le mal vient à cheval et s'en va à pied.	Ill comes in by ells and goes out by inches.

Le serpent est caché sous les fleurs.	Appearances are deceptive.

 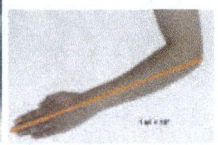  

Le mieux est l'ennemi de bien.	Let well enough alone.

Le singe est toujours singe fut-il déguisé en prince.	An ass is but an ass though laden with gold.

Voir les différences / See the differences

L'eau est le meilleur des breuvages.	Adam's ale is the best brew.

istockphoto   istockphoto

Les belles paroles ne font bouillir la marmite.	Fine words butter no parsnips.

istockphoto   istockphoto

Les chiens ne font pas des chats.	The apple doesn't fall far from the tree.

Winston Fraser   Winston Fraser

Les mains sont faites avant les couteaux.	Fingers were made before forks.

istockphoto   istockphoto

Les oisons mènent paître les oies.	The blind leading the blind.

istockphoto   istockphoto

Les petits ruisseaux font les grandes rivières.	Tall oaks from little acorns grow.

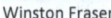

Winston Fraser   istockphoto

Section 6 Proverbes – Proverbs

L'habit ne fait pas le moine.	One can't judge a book by its cover.

istockphoto　　　　istockphoto

L'homme est un loup pour homme.	It's a dog-eat-dog world.

istockphoto　　　　istockphoto

Lorsque la faim est à la porte, l'amour s'en va par la fenêtre.	Without bread and wine, even love will pine.

istockphoto　　　　istockphoto

Maille à maille se fait le haubergeon.	By one and one spindles are made.

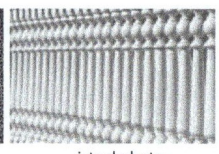

istockphoto　　　　istockphoto

Mieux vaut prévenir que guérir.	A stitch in time saves nine.

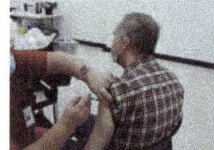

Andrea Fraser　　　istockphoto

Mors doré ne rend pas le cheval meilleur.	An ape's an ape, a varlet's a varlet, though they be clad in silk or scarlet.

istockphoto　　　　istockphoto

Voir les différences / See the differences

N'attrape pas de lièvres avec un tambour.	Silence catches a mouse.

Winston Fraser — istockphoto

Ne réveillez pas le chat qui dort.	Let sleeping dogs lie.

Winston Fraser — Winston Fraser

On bourre sa pipe avec le tabac qu'on a.	A man must plow with such oxen as he has.

istockphoto — istockphoto

On a l'âge de son cœur.	There may be snow on the rooftop but there is fire in the furnace.

istockphoto — istockphoto

On a souvent besoin d'un plus petit que soi.	A mouse may help a lion.

istockphoto — istockphoto

On caresse la vache avant de la traire.	The bait hides the hook.

istockphoto — istockphoto

Section 6 Proverbes – Proverbs

On fait toujours le loup plus grand qu'il n'est.	Fear has magnifying eyes.

On ne perd pas de temps quand on aiguise ses outils.	Patient waiters are no losers.

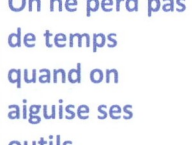 

On n'apprend pas à un vieux singe à faire des grimaces.	One can't teach an old dog new tricks.

On ne peut faire sortir du sang d'un navet.	One can't get blood out of a stone.

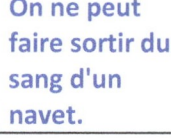 

On ne jette pas le coffre au feu parce que la clef en est perdue.	Burn not your house to fright the mouse away.

On ne peut être dans la boutique d'un parfumeur sans emporter l'odeur.	A herring barrel always smells like herring.

Voir les différences / See the differences

On ne saurait faire boire un âne qui n'a pas soif.	One can lead a horse to water but one can't make him drink.

istockphoto

istockphoto

Paris ne s'est pas fait en un jour.	Rome wasn't built in a day.

Winston Fraser

Winston Fraser

Pas d'argent, pas de Suisse.	No money, no candy.

istockphoto

istockphoto

Passe-moi la rhubarbe, je te passerai le séné.	You scratch my back, I'll scratch yours.

istockphoto

istockphoto

Petit à petit, l'oiseau fait son nid.	Little strokes fell great oaks.

istockphoto

istockphoto

Petite étincelle engendre grand feu.	A small leak will sink a great ship.

istockphoto

Winston Fraser

Section 6 Proverbes – Proverbs

Peu vaut mieux que rien.	Half a loaf is better than none.

Pluie du matin n'arrête pas le pèlerin.	Rain before seven, clear by eleven.

Pot fêlé dure longtemps.	A creaking door hangs longest.

Pour épargner un clou, on perd un cheval.	Don't spoil the ship for a ha'porth o'tar.

Pour vivre heureux vivons cachés.	Great honours are great burdens.

Poussin chante comme le coq lui apprend.	As the tree is bent, so it will grow.

Voir les différences / See the differences

Prière de fou n'est point écoutée.	The braying of an ass does not reach heaven.

istockphoto   istockphoto

Quand l'arbre est tombé, tout le monde court aux branches.	To kick a man when he is down.

istockphoto   istockphoto

Quand le vin est tiré, il faut le boire.	In for a penny, in for a pound.

istockphoto   istockphoto

Quand on crache en l'air, cela vous retombe sur le visage.	An arrow shot upright falls on the shooter's head.

istockphoto   istockphoto

Quand on est en colère, il ne faut rien dire ni faire avant d'avoir récité l'alphabet.	When angry, count to a hundred.

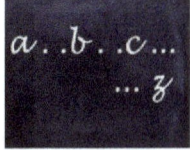 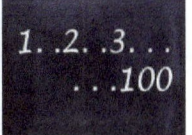
Winston Fraser   Winston Fraser

Qui a faim mange tout pain.	Hunger makes hard beans sweet.

istockphoto   istockphoto

Section 6 Proverbes – Proverbs

Qui aime bien châtie bien.	To love is to show tough love.

Qui casse les verres les paie.	They that dance must pay the fiddler.

Qui craint le danger ne doit pas aller en mer.	If you can't stand the heat, get out of the kitchen.

Qui n'a pas d'argent en bourse, qu'il ait du miel en bouche.	He that hath not silver in his purse should have silk in his tongue.

Qui naît poule aime à caqueter.	A leopard can't change his spots.

Qui naquit chat court après les souris.	Never offer to teach a fish to swim.

Voir les différences / See the differences

Qui ne demande rien n'a rien.	The squeaky wheel gets the grease.

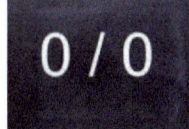 

Qui n'entend qu'une cloche n'entend qu'un son.	There are two sides to every question.

Qui peint la fleur n'en peut peindre l'odeur.	The face is no index to the heart.

Qui perd sa matinée perd les trois quarts de sa journée.	An hour in the morning is worth two in the evening.

Qui prend mari prend pays.	Love me, love my dog.

Qui se ressemble s'assemble.	Birds of a feather flock together.

 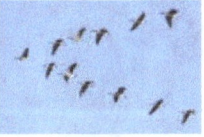

Section 6 Proverbes – Proverbs

Qui se sent galeux se gratte.	If the cap fits, wear it.

Qui suit les poules apprend à gratter.	Who keeps company with the wolf will learn to howl.

Qui vivra, verra.	Time will tell.

Winston Fraser   Winston Fraser

Qui vole un œuf vole un bœuf.	Give an inch, and they'll steal a mile.

Qui ne risque rien n'a rien.	Nothing ventured, nothing gained.

Quiconque s'élève sera abaissé, et quiconque s'abaisse sera élevé.	A farmer on his knees is higher than a gentleman on his legs.

Voir les différences / See the differences

Rage d'amour est pire que le mal de dents.	No herb will cure love.

istockphoto

istockphoto

Recours à Dieu, l'ancre est rompue.	The chamber of sickness is the chapel of devotion.

Winston Fraser

istockphoto

Rien ne sert de courir, il faut partir à point.	Slow and steady wins the race.

istockphoto

france-pittoresque.com

Se méfier du feu qui couve.	Beware of a silent dog and still water.

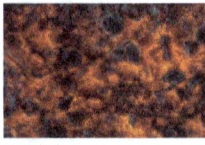
istockphoto

istockphoto

Si le chapeau te fait, mets-le.	If the shoe fits, wear it.

istockphoto

istockphoto

Si l'on fait attention à chaque centime, notre fortune est faite.	Take care of the pennies and the pounds will take care of themselves.

istockphoto

istockphoto

Section 6 Proverbes – Proverbs

S'il pleut à la Saint-Médard, il pleut quarante jours plus tard.	If it rains on Saint Swithin's Day, there will be rain for the next 40 days.

Winston Fraser

Winston Fraser

Tout chien est fort à la porte de son maître.	Every dog is a lion at home.

Winston Fraser

istockphoto

Souvent la plus belle pomme est véreuse.	Fair without, foul within.

istockphoto

istockphoto

Tout est bien qui finit bien.	Homely in the cradle, pretty at the table.

istockphoto

istockphoto

Tourner sept fois sa langue dans sa bouche avant de parler.	Count to ten before speaking.

Tout fait farine au bon moulin.	All is fish that comes to the net.

istockphoto

istockphoto

153

Voir les différences / See the differences

Tout soldat a dans son sac son bâton de maréchal.	The sky is the limit.

istockphoto   istockphoto

Un chien vivant vaut mieux qu'un lion mort.	A bird in the hand Is worth two in the bush.

Winston Fraser   istockphoto

Tout vient à point à qui sait attendre.	A watched pot never boils.

Winston Fraser   istockphoto

Un malheur ne vient jamais seul.	It never rains but it pours.

istockphoto   istockphoto

Un chien qui pisse fait pisser l'autre.	If one sheep leaps over the ditch, the rest will follow.

istockphoto   istockphoto

Une de perdue, dix de retrouvées.	There are plenty more fish in the sea.

istockphoto   istockphoto

Section 6 Proverbes – Proverbs

| Une tartine de sirop [d'érable] chez nous est meilleure qu'un banquet ailleurs. | Dry bread at home is better than roast meat abroad. |

istockphoto

istockphoto

| Vache vue de loin a assez de lait. | Blue are the hills that are far away. |

Winston Fraser

Winston Fraser

| Vieille amitié ne craint pas rouille. | Friendship, the older it grows, the stronger it is. |

Winston Fraser

istockphoto

Voir les différences / See the differences

Section 7 Les chiffres – Numbers

« *Les chiffres ne mentent pas.* »
(origine inconnue)

En ce qui concerne les expressions, est-il vrai que les nombres ne mentent jamais ? La réponse est « oui et non » ou, comme on dit en français, « noui ».

De nombreuses expressions font référence à des nombres. Par exemple :

- faire d'une pierre deux coups (kill two birds with one stone)
- deux avis valent mieux qu'un (two heads are better than one)

Certaines expressions, comme dans ces deux exemples, gardent une cohérence au niveau des nombres utilisés. Cependant, il y a d'autres expressions qui utilisent des nombres complètement différents dans leurs versions françaises et anglaises. Alors **oui**, au niveau linguistique, les chiffres mentent parfois.

Les pages suivantes présentent quelques exemples frappants de divergence numérique.

"Numbers don't lie." (origin unknown)

When it comes to expressions, is it true that numbers never lie? The answer is "yes and no" or, as one says in French, "noui".

Many expressions make reference to numbers. For example:

- kill two birds with one stone (faire d'une pierre deux coups)
- two heads are better than one (deux avis valent mieux qu'un)

Some, like these two examples, exhibit a consistency in terms of the numbers used. However, there are others that use completely different numbers in their French and English versions. So, yes, in the linguistic latitude, figures **do** sometimes lie.

The following pages demonstrate some of the more striking examples of digital divergence.

Voir les différences / See the differences

au septième ciel	on cloud nine

en huit jours	in a week

Winston Fraser

istockphoto

istockphoto

les chats ont sept vies	cats have nine lives

billion	billion

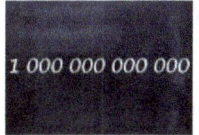
Winston Fraser

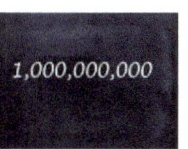
Winston Fraser

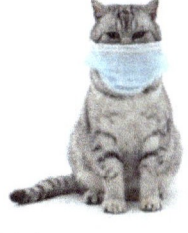
istockphoto

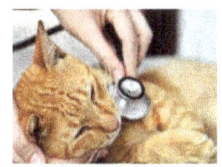
istockphoto

manger comme quatre	eat for two

dans 15 jours	in 2 weeks

Winston Fraser

istockphoto

istockphoto

Section 7 Les chiffres – Numbers

pinte *(1.136 litres)*	pint *(0.568 liters)*

istockphoto   istockphoto

Plus tire nature que cent chevaux.	Nature draws more than ten oxen.

istockphoto   istockphoto

revirer sur un trente sous	turn on a dime

istockphoto   istockphoto

se mettre sur son 31 ; se mettre sur son 36 *(Québec)*	to be dressed up to the nines

istockphoto

trente-six fois	umpteen times

istockphoto

un de ces quatre matins	one of these days

Winston Fraser

159

Voir les différences / See the differences

un trente sous	a 25-cent piece

© National Currency Collection, Bank of Canada
Museum   istockphoto

Section 8 Onomatopée – Onomatopoeia

« Toute la nature commence à nous murmurer ses secrets à travers ses sons. Des sons qui étaient auparavant incompréhensibles pour notre âme deviennent maintenant le langage intelligible de la nature. » – Rudolph Steiner (philosophe autrichien)	"All of nature begins to whisper its secrets to us through its sounds. Sounds that were previously incomprehensible to our soul now become the meaningful language of nature." – Rudolph Steiner (Austrian philosopher)
Les dictionnaires majeurs définissent « onomatopée » de différentes manières :	Major dictionaries define onomatopoeia in a variety of different ways.
• Processus permettant la création de mots dont le signifiant est étroitement lié à la perception acoustique des sons émis par des êtres animés ou des objets (www.larousse.fr)	• The process of making up words whose meaning is closely tied to the accoustical perception of the sounds made by living creatures or inanimate objects (www.larousse.fr)
• Mot qui évoque par le son la chose dénommée (son ou cause d'un son) (www.lerobert.com)	• A word whose sound evokes the named object (www.lerobert.com)
• Fait que les mots contiennent des sons similaires aux bruits qu'ils décrivent (www.oxfordlearnersdictionaries.com)	• The fact of words containing sounds similar to the noises they describe (www.oxfordlearnersdictionaries.com)
• dénomination d'une chose ou	• The naming of a thing or action by a vocal imitation of the sound

Voir les différences / See the differences

d'une action par une imitation vocale du son qui lui est associée (www.merriam-webster.com) Ces définitions formelles peuvent être résumées comme suit : • Une onomatopée est une expression qui reproduit un son de manière phonétique. Les rubriques de cette section incluent les sons émis par les animaux ainsi que par les objets inanimés. Un exemple d'onomatopée émise par les animaux est présenté sur la page de couverture de ce dictionnaire.	associated with it (www.merriam-webster.com) These formal definitions can be summarized as follows: • An onomatopoeia is an expression that phonetically mimics a sound. The entries in this section include sounds uttered by animals as well as those made by inanimate objects. An example of "animal speak" onomatopoeia appears on the front cover of this dictionary.

Section 8 Onomatopée – Onomatopoeia

bêêê *(mouton)*	baaa *(sheep)*

bip bip, tut-tut *(klaxon)*	honk honk, beep beep *(horn)*

ca car *(bernaches)*	honk honk *(Canada geese)*

co-co-ri-co *(coq)*	cock-a-doodle-doo *(rooster)*

coin-coin *(canard)*	quack quack *(duck)*

cot-cot-cot, cot-cot-codet *(poule)*	cluck cluck cluck *(hen)*

Voir les différences / See the differences

croâ *(corbeau)*	caw *(crow)*

istockphoto

cui cui *(petit oiseau)*	tweet, chirp *(songbird)*

istockphoto

glou-glou *(dinde)*	gobble gobble *(turkey)*

Winston Fraser

groin-groin *(cochon)*	oink oink *(pig)*

Winston Fraser

hi han *(âne)*	hee haw *(donkey)*

istockphoto

hiiiiii *(cheval)*	houyhnhnm *(horse)*

istockphoto

Section 8 Onomatopée – Onomatopoeia

meuh *(vache)*	moo *(cow)*

Winston Fraser

ouah ouah, ouaf oua *(chien)*	woof-woof, bow-wow *(dog)*

istockphoto

ouh ouh *(hibou)*	hoo hoo *(owl)*

istockphoto

pan-pan *(coup de feu)*	bang-bang *(gunshot)*

Winston Fraser

pin-pon *(sirène)*	wee-woo *(siren)*

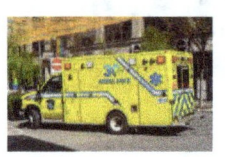
istockphoto

poum-poum *(battement de cœur)*	thump-thump *(heartbeat)*

istockphoto

Voir les différences / See the differences

rou rou *(pigeon)*	coo coo *(pigeon)*

istockphoto

siff *(serpent)*	hissss *(snake)*

istockphoto

tatac tatoum *(train)*	clickety clack *(train)*

istockphoto

tic-tac *(horloge)*	tick-tock *(clock)*

Winston Fraser

toc toc *(cognement)*	knock knock *(knocking)*

istockphoto

Section 9 Divers – Miscellany

« La variété est la véritable épice de la vie, qui lui donne toute sa saveur. » – William Cowper (poète anglais) Cette section finale constitue un pot-pourri des différences entre le français et l'anglais qui n'ont pas été abordées dans les sections précédentes. Dans cette soupe à l'alphabet, le mélange des sujets inclut : • Particularités de la ponctuation • Formats de date et d'heure • Représentation des monnaies • Standards d'abréviation • Acronymes dans les messages textes • Format de l'adresse En substance, cette section est un mini-guide comparatif du style des deux langues.	*"Variety's the very spice of life, That gives it all its flavour." – William Cowper (English poet)* This final section addresses a potpourri of French-English differences not covered in the previous sections. Among the alphabet soup mixture of subjects included are: • Punctuation particularities • Time and date formats • Currency representations • Abbreviation standards • Texting acronyms • Addressing standards In essence, this section is a mini style guide comparison of the two languages.

Voir les différences / See the differences

(abréviations de titres de civilité)	(titles abbreviations)
Titres M., Mme, Dr, Dre, Me Winston Fraser	Titles Mr., Ms., Dr., Me Winston Fraser
(abréviations - organisations internationales majeures) **ONU, OMS, OTAN**	(abbreviations of major international organizations) **UN, WHO, NATO**

istockphoto

(acronymes texto) **MDR= mort de rire, A+= à plus tard**	(texting acronyms) **LOL= laugh out loud, CU= see you**

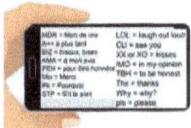
Winston Fraser

(date du 1er avril) **Le poisson d'avril**	(April 1st date) **April Fool's Day**

istockphoto istockphoto

(délimiteurs d'une citation) **« »**	(quotation delimiters) **" "**

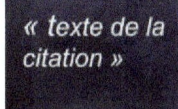 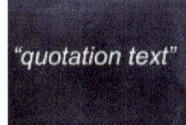
Winston Fraser Winston Fraser

(format de devise) **46 750,25 $**	(currency format) **$46,750.25**

istockphoto

Section 9 Divers – Miscellany

(format horaire) 14 h 35	(time of day format) 2:35 p.m.

Kerri Fraser

(formatage d'une adresse postale)	(mailing address format)

istockphoto   istockphoto

(formatage d'une liste à puces)	(bulleted list format)

Winston Fraser   Winston Fraser

(incohérence de préposition) être dans le train	(preposition inconsistency) to be on the train

Winston Fraser   Wikipedia

(majuscule / miniscule) jeudi, avril, français, le Président, rue	(capitalization) Thursday, April, French, the president, Street

istockphoto

(nom d'objet générique) patente, gogosse, cossin, affaire, bebelle, truc, machin, bidule, engin	(generic name for object) widget, gadget, gizmo, thingy, thingamajig, whatchamacallit

istockphoto

169

Voir les différences / See the différences

(nom du jour férié du 24 mai) Journée nationale des patriotes	(name of May 24 holiday) Victoria Day

wikipedia.org

Collection Bill Ivy

(nom générique d'un homme) Pierre Untel, Jean Dupont	(male placeholder name) John Doe, Joe Blow

istockphoto

(nom générique d'une femme) Marie Dupont, Madame Toulemonde	(female placeholder name) Jane Doe

istockphoto

(personnes génériques) Pierre, Jean et Jacques	(unspecified people) every Tom, Dick and Harry

istockphoto   istockphoto

(salutation d'une lettre d'affaires) Madame, Monsieur,	(business letter salutation) Dear Sir or Madam:

istockphoto

(séparateur de milliers) espace	(thousands separator) comma

 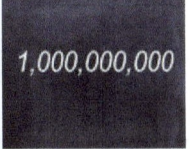
Winston Fraser   Winston Fraser

Section 9 Divers – Miscellany

(surnoms Club de hockey Canadien) **La Sainte Flanelle, Le Tricolore, Les Glorieux, Le Bleu-Blanc-Rouge**	*(Montreal Canadiens hockey team nicknames)* **The Flying Frenchmen, The Habs**

Winston Fraser

Voir les différences / See the differences

Épilogue – Epilogue

L'affaire est ketchup !

Constituer ce dictionnaire fut une expérience unique. Quand je me suis embarqué dans ce projet il y a plus d'un an, je n'imaginais que peu ce qui m'attendait. Je n'avais pas réalisé l'ampleur des défis auxquels j'allais être confronté. Je n'avais pas non plus prévu à quel point ce serait un exercice d'apprentissage exceptionnellement enrichissant.

Mais par-dessus tout, cela a été une expérience chargée d'humilité qui m'a permis d'apprécier l'ampleur des réalisations des lexicographes d'autrefois. Ils ont produit leurs chefs-d'œuvre littéraires sans aucun des outils que nous tenons pour acquis aujourd'hui – électricité, ordinateurs, internet, moteur de recherche Google, logiciel de traitement de texte et photographie numérique, pour n'en nommer que quelques-uns. Avec tout cela et plus à portée de main, l'importance de ma réussite est pâle en comparaison.

Comme mot de la fin, je me

Mission accomplished!

Compiling this dictionary has been a unique experience. When I embarked on this project more than a year ago, I had little appreciation of what lay ahead of me. I had not realized the scope of the challenges facing me. Nor had I anticipated what an exceptionally enlightening learning exercise it would be.

But most of all, this has been an intensely humbling experience as I came to understand the enormity of the accomplishments of lexicographers of old. They had produced their literary masterpieces without any of the tools that we take for granted today – electricity, computers, the Internet, Google search engine, word processing software and digital photography, to name a few. With all of these and more at my fingertips, the significance of my achievement pales in comparison.

As a closing thought, I am reminded of a story told by the American evangelist, Dr. Terry Fullam, about a

Voir les différences / See the differences

souviens d'une histoire racontée par l'évangéliste américain, le Dr Terry Fullam, à propos d'un homme qui était extrêmement découragé chaque fois qu'il voyait une bibliothèque parce que tellement d'informations y sont abritées, qu'il ne pourrait jamais les acquérir toutes. Espérons que la taille de ce dictionnaire évite un tel dilemme.

Merci d'avoir partagé mon aventure linguistique.

man who became extremely discouraged whenever he passed by libraries because they housed so much information that he would never be able to acquire. Hopefully the size of this dictionary avoids such a dilemma.

Thank you for sharing in my linguistic adventure.

Bibliographie – Bibliography

Bulman, Francoise. *Dictionnaire de proverbes*, Les presses de l'Université Laval, 1998.

Gavira, Angeles et al. *Bilingual Visual Dictionary*, DK Penguin Random House, London, U.K., 2017.

Sices, Dr. David et al. *French Idioms, second edition*, Barron's Foreign Language Guides, 2007.

En ligne / Online :

https://dictionary.reverso.net
https://idiomland.tumblr.com
https://idiomorigins.org
https://www.authentikcanada.com
https://www.aventuresnouvellefrance.com
https://www.btb.termiumplus.gc.ca
https://www.dufrancaisalanglais.com
https://www.dufrancaisaufrancais.com
https://www.fluentu.com
https://www.france-pittoresque.com
https://www.francaisavecpierre.com
https://www.gutenberg.org/files/63190/63190-0.txt
https://www.je-parle-quebecois.com
https://www.idioms4you.com
https://www.linguee.com
https://www.myenglishpages.com
https://www.noslangues-ourlanguages.gc.ca
https://www.phrases.org.uk
https://www.thoughtco.com
https://www.wordreference.com
www.collinsdictionary.com
www.dictionary.com

Voir les différences / See the differences

www.grammarly.com
www.larousse.fr
www.lesbeauxproverbes.com
www.merriam-webster.com
www.oxfordlearnersdictionaries.com
www.oxfordreference.com
www.whats-thesayinganswers.com

Index

À bon chat bon rat. 125	a 25-cent piece 160
À chaque oiseau son nid est beau. 125	A bird in the hand Is worth two in the bush. 154
À chaque pot son couvercle. 125	a blazing sun 120
À colombe saoule, les cerises sont amères. 125	a blessing in disguise 120
À force de taper sur le clou, on finit par l'enfoncer. 125	a bolt from the blue 119
	a can of worms 120
à la guerre comme à la guerre 61	a cash cow 121
À l'œuvre on connaît l'artisan. 125	a cock and bull story 121
À l'ongle on connaît le lion. 126	A creaking door hangs longest. 147
à marquer d'une pierre blanche 61	a dog and pony show 115
À quelque-chose malheur est bon. 126	A fair face may hide a foul heart. 128
À qui a faim, tout est pain. 126	A farmer on his knees is higher than a gentleman on his legs. 151
à travers les branches 61	
À une femme et à une vieille maison, il y a toujours à refaire. 126	a feather in one's cap 89
	a flash in the pan 119
accorder ses violons 61	a fly in the ointment 121
acheter chat en poche 61	A fool and his money are soon parted. 128
acheter pour une bouchée de pain 61	
action (titre de propriété) 29	A good name is better than riches. 129
addition (facture) 29	a hard nut to crack 119
affluence (foule) 19	a Herculean task 120
agenda (carnet) 29	A herring barrel always smells like herring. 145
Aimez votre voisin, mais n'abattez pas la haie. 126	
	a land-office business 120
aller d'arrache-pied 62	A leopard can't change his spots. 149
amateur (d'art) 29	A leopard is known by its spots. 126
Amour, toux, fumée, argent ne peuvent se cacher longtemps. 126	A lion at home, a mouse abroad. 140
	a little birdie told me 99
Âne avec le cheval n'attèle. 127	A man must plow with such oxen as he has. 144
anniversaire (de naissance) 29	
appeler un chat un chat 62	A man without religion is like a horse without a bridle. 139
appuyer sur le champignon 62	
Après la pluie, le beau temps. 127	A man's home is his castle. 131

Voir les différences / See the differences

arrêter d'un seul coup 62	A mouse may help a lion. 144
arriver comme un cheveu sur la soupe 62	A penny saved is a penny earned. 136
assistance (auditoire) 29	a red-letter day 61
Attache ta tuque avec d'la broche ! 62	A rose is a rose is a rose is a rose. 140
attendre 19	A shoe that is too large is apt to trip one. 138
attendre que le curé se mouche 63	A small leak will sink a great ship. 146
Au fond du taillis sont les mûres. 127	a spring chicken 120
Au pauvre un œuf vaut un bœuf. 127	A stitch in time saves nine. 143
au pied levé 63	A straight stick is crooked in the water. 140
au septième ciel 158	A watched pot never boils. 154
aussi sûr que deux et deux font quatre 47	A woman and a ship ever want mending. 126
Autant de têtes, autant d'avis. 127	action (activity) 29
Autant meurt veau que vache. 127	Adam's ale is the best brew. 142
Aux chevaux maigres vont les mouches. 128	addition (arithmetic) 29
Aux idiots l'argent file entre les doigts. 128	advertisement 19
avant d'avoir pu dire « ouf » 63	affluence (wealth) 19
avec des bouts de ficelle 63	agenda (program) 29
Avec des si, on mettrait Paris en bouteille. 128	All cats are grey in the dark. 132
avec fanfreluches et tralala 63	All is fish that comes to the net. 153
avertissement 19	All work and no play makes Jack a dull boy. 137
avoir bon pied bon œil 63	Although it may rain, cast not away the watering pot. 134
avoir d'autres chats à fouetter 64	amateur (non professional) 29
avoir de l'eau dans la cave 64	An ape's an ape, a varlet's a varlet, though they be clad in silk or scarlet. 143
avoir des bidous 64	An apple a day keeps the doctor away. 137
avoir des croûtes à manger 64	An arrow shot upright falls on the shooter's head. 148
avoir des fourmis dans les jambes 64	An ass is but an ass though laden with gold. 141
avoir deux mains gauches 64	an empty promise 121
avoir du front tout le tour de la tête 65	An hour in the morning is worth two in the evening. 150
avoir du pain sur la planche 65	An old ox makes a straight furrow. 136
avoir la chair de poule 65	
avoir la dent dure 65	
avoir la frousse 65	
avoir la guédille au nez (Québec) 65	
avoir la gueule de bois 66	
avoir la langue bien pendue 66	

Index

avoir la main verte 66	anniversary (of wedding) 29
avoir l'air magané 66	any port in a storm 61
avoir le beurre et l'argent du beurre 66	Appearances are deceptive. 141
avoir le cœur sur la main 66	as sure as eggs is eggs 47
avoir le cœur sur les lèvres 67	As the tree is bent, so it will grow. 147
avoir le coup de foudre 67	assistance (help) 29
avoir le sourire jusqu'aux oreilles 67	at the drop of a hat 63
avoir le trac 67	attend 19
avoir l'effet d'un pétard mouillé 67	baaa (sheep) 163
avoir les chevilles qui enflent 67	baggage (checked baggage) 41
avoir les deux pieds dans la même bottine 68	bang-bang (gunshot) 165
	baskets 19
avoir les yeux plus gros que le ventre 68	be a stick in the mud 85
avoir l'estomac dans les talons 68	be hungry as a bear 47
avoir maille à partir avec quelqu'un 68	Beauty won't make the pot boil. 138
avoir mal au cœur 68	before you can say Jack Robinson 63
avoir un araignée au plafond 68	Beggars can't be choosers. 133
avoir un boulet au pied 69	Beware of a silent dog and still water. 152
avoir un chat dans la gorge 69	
avoir un estomac d'autruche 69	billion 158
avoir un œil de lynx 69	Birds of a feather flock together. 150
avoir un poil dans la main 69	bless 19
avoir une de ces envies de pisser qui me prend à la gorge 69	Blue are the hills that are far away. 155
	bout 19
avoir une dent contre quelqu'un 70	bras 20
avoir une faim de loup 47	Burn not your house to fright the mouse away. 145
avoir une fièvre de cheval 47	
avoir une patience d'ange 47	by hook or by crook 75
avoir une peur bleue 70	By one and one spindles are made. 143
bagages (bagages enregistrés) 41	calm one's hormones 111
baskets (chaussures de sport) 19	car 20
Beau boucaut, mauvaise morue. 128	cats have nine lives 158
bêêê (mouton) 163	cave 20
Ben voyons donc ! (Québec) 70	caw (crow) 164
Bien de fortune passe comme la lune. 128	cent (monetary unit) 30
	cereal (a bowl of cereal) 41
billion 158	chair 20
bip bip, tut-tut (klaxon) 163	chandelier 20
blesser 19	change (coin currency) 30
boire comme un trou 47	char 20

Voir les différences / See the differences

Bonjour lunettes, adieu fillettes. 128	chef 21
Bonne renommée vaut mieux que ceinture dorée. 129	Christmas comes but once a year. 129
	circulation (blood flow) 30
bousculer le pot de fleurs 70	clickety clack (train) 166
bout 19	cluck cluck cluck (hen) 163
bras 20	cock-a-doodle-doo (rooster) 163
brûler les étapes 70	coin 21
ca car (bernaches) 163	come hell or high water 107
ca m'a cassé bras et jambes 70	Come on!, You're kidding! 70
ça prend pas la tête à Papineau 71	come rain or shine 107
camper sur ses positions 71	comedian 21
car 20	coo coo (pigeon) 166
casser du sucre sur le dos de quelqu'un 71	corsage (flowers) 30
	Count to ten before speaking. 153
casser les pieds à quelqu'un 71	crayon 21
casser sa pipe 71	Cross the stream where it is shallowest. 130
cave (soubassement) 20	
Ce n'est fini qu'à la fin. 129	cuckoo (crazy) 30
ce n'est pas la mer à boire 71	cult (sect) 30
Ce n'est pas tous les jours dimanche. 129	Cut your coat according to your cloth. 133
Ce n'est pas tous les jours fête. 129	
Ce qui est fait est fait. 129	decade 31
ce sont des choses qui arrivent 72	deception (deceit) 31
Celui qui laboure le champ le mange. 129	demand (command) 31
Celui qui paie les violons choisit la musique. 130	dentures 41
	don't butt heads 103
cent (nombre 100) 30	Don't count your chickens before they're hatched. 136
céréales (un bol de céréales) 41	
C'est au fruit que l'on juge l'arbre. 130	Don't eat the calf in the cow's belly. 135
c'est bonnet blanc et blanc bonnet 72	Don't spoil the ship for a ha'porth o'tar. 147
c'est de l'algèbre pour moi 72	
c'est de l'argent facile 72	Don't throw out the baby with the bath water. 136
c'est du gâteau 47	
C'est en forgeant qu'on devient forgeron. 130	Don't throw straws against the wind. 134
	Dry bread at home is better than roast meat abroad. 155
c'est la bouteille à l'encre 48	
c'est la croix et la bannière 48	eat for two 158
C'est là où la barrière est basse que le bœuf l'enjambe. 130	éclair (dessert) 31
	economics 41

Index

c'est l'arroseur arrosé 72
C'est le pompon ! 72
c'est ma bête noire 73
c'est pas sorcier 73
C'est pas vrai ! 73
c'est simple comme bonjour 48
c'est un jeu qui se joue à deux 73
Chacun prêche pour son saint. 130
Chacun se plaint que son grenier n'est pas plein. 130
Chacun son métier, les vaches seront bien gardées. 131
chair 20
chandelier 20
change (échange de monnaie) 30
chanter comme une casserole 73
Chapeau ! 73
Chaque torchon trouve sa guenille. 131
Chaque vin a sa lie. 131
char 20
Charbonnier est maitre chez lui. 131
Chat échaudé craint l'eau froide. 131
chef 21
circulation (véhicules) 30
co-co-ri-co (coq) 163
cogner des clous 74
coin 21
coin-coin (canard) 163
comédien 21
comparer des pommes et des poires 74
connaître comme sa poche 48
Contre le tonnerre ne pète. 131
corsage (vêtement) 30
cot-cot-cot, cot-cot-codet (poule) 163
coucou (oiseau) 30
couper la poire en deux 74
couper le sifflet à quelqu'un 74
couper l'herbe sous le pied 74
courir après une ombre 74
coûte que coûte 75

editor 21
engagement (to marry) 31
entrée 21
Every cloud has a silver lining. 126
Every dog is a lion at home. 153
Every doggie has his day. 139
Every horse thinks his own pack heaviest. 130
Every Jack has his Jill. 125
Every miller draws water to his mill. 130
Every path has its puddle. 131
experience (involvement) 31
fabric 22
Fair without, foul within. 153
Fear gives wings. 139
Fear has magnifying eyes. 145
Feather by feather, the goose is plucked. 125
figure (physique) 32
file 22
Fine words butter no parsnips. 142
Fingers were made before forks. 142
flatter 22
font (a baptismal font) 41
football (American football) 32
for a song 119
formidable (difficult) 32
fort (structure) 32
Fortune is made of glass. 128
four 22
foyer (entrance hall) 32
franchise (business) 32
Friendship, the older it grows, the stronger it is. 155
frond (plant) 22
funeral 41
furniture 22
Gather ye rosebuds while ye may. 134
gaze 23
genial 23

Voir les différences / See the differences

coûter un bras 75	Give an inch, and they'll steal a mile. 151
cracher dans la soupe 75	global (worldwide) 33
crayon 21	Go jump in the lake! 121
croâ (corbeau) 164	gobble gobble (turkey) 164
cui cui (petit oiseau) 164	Good fences make good neighbours. 126
culte (religion) 30	Good things come in small packages. 132
dans 15 jours 158	gratuity (tip) 33
Dans les petits pots, les bons onguents. 132	Great honours are great burdens. 147
Dans les vieux pots la bonne soupe. 132	Great!, A-okay! 116
De nuit, le blé semble farine. 132	Grey hairs are death's blossoms. 128
De trop près se chauffe qui se brûle. 132	Half a loaf is better than none. 147
décade 31	Hats off! 73
déception (désappointement) 31	have one's work cut out 65
découvrir le pot aux roses 75	He that gazes upon the sun shall at last be blind. 132
demander (requérir) 31	He that has plenty of goods shall have more. 139
dentier 41	
des vertes et des pas mûres 75	He that hath not silver in his purse should have silk in his tongue. 149
déshabiller Pierre pour habiller Paul 75	He that sows thistles shall reap prickles. 132
donner de la confiture aux cochons 76	
donner n'importe quoi pour quelque chose 76	He that will eat the kernel must crack the nut. 129
donner sa langue au chat 76	He that would have the fruit must climb the tree. 127
donner son 4 pourcent 76	
donner un coup de pied dans la fourmilière 76	he thinks that he is the cat's whiskers 91
dormir comme un loir 48	He who gives fair words feeds you with an empty spoon. 138
dormir dans les cartons 76	
dormir sur la switch 77	He who pays the piper calls the tune. 130
dormir sur ses deux oreilles 77	Heave-ho! 102
Du bâton que l'on tient on est souvent battu. 132	hee haw (donkey) 164
	herb 23
éclair (orage) 31	hissss (snake) 166
économie 41	Hold on to your hat! 62
écraser une mouche avec un gant de boxe 77	hold your horses 90
	Homely in the cradle, pretty at the table. 153
écrire comme un cochon 48	
éditeur 21	honk honk (Canada geese) 163
employer les grands moyens 77	honk honk, beep beep (horn) 163

Index

en avoir plein son casque (Québec) 77
En avril, ne te découvre pas d'un fil. 132
en deux coups de cuiller à pot 77
en faire tout un plat de quelque chose 78
en huit jours 158
En parlant du soleil, on en voit les rayons. 133
en un mot 78
engagement (convention) 31
entendre une mouche voler 78
Entre la chair et la chemise il faut cacher le bien qu'on fait. 133
entrée 21
et patati et patata 78
être à deux doigts de 78
être à deux pas d'ici 78
être à l'ouest 79
être à la barbe de quelqu'un 79
être amis comme cochons 49
être assis entre deux chaises 79
être au bout du rouleau 79
être au four et au moulin 79
être au parfum 79
être aussi mort que Napoléon 49
être aussi rapide qu'une tortue 49
être aux anges 80
être aux premières loges 80
être bête comme ses pieds 49
être chauve comme une boule de billard 49
être clair comme de l'eau de roche 49
être comme le jour et la nuit 50
être comme un coq en pâte 50
être comme un éléphant dans un magasin de porcelaine 50
être comme une goutte d'eau dans l'océan 50
être complètement cinglé 80
être couvert de ridicule 80

hoo hoo (owl) 165
houyhnhnm (horse) 164
Hunger makes hard beans sweet. 148
Hungry dogs will eat dirty pudding. 126
I can't make head nor tail of it 93
If it rains on Saint Swithin's Day, there will be rain for the next forty days. 153
If one sheep leaps over the ditch, all the rest will follow. 154
If the beard were all, the goat might preach. 138
If the cap fits, wear it. 151
If the shoe fits, wear it. 152
If wishes were horses, beggars would ride. 128
If you can't stand the heat, get out of the kitchen. 149
Ill comes in by ells and goes out by inches. 141
I'm down in the dumps 91
implantation (implant) 33
important (significant) 33
imposition (regulation) 33
in a nutshell 78
in a week 158
In for a penny, in for a pound. 148
in two shakes of a lamb's tail 77
in two weeks 158
information (for more information) 42
intoxicated (drunk) 33
isolation 23
it doesn't take a Philadelphian lawyer 71
It is better to be the hammer than the anvil. 137
it is muggy (sultry) 90
It is often better to swim with the stream. 131
It never rains but it pours. 154
It takes a good many shovelfuls of earth to bury the truth. 140

Voir les différences / See the differences

être dans la dèche 80	It takes only one rotten apple to spoil the whole barrel. 137
être dans la lune 80	it takes two to tango 73
être dans le pétrin 81	it's snowing sugar-snow 91
être dans les tiroirs 81	It's a dog-eat-dog world. 143
être dans tous ses états 81	it's a pain in the neck 48
être dans une colère noire 81	it's all Greek to me 72
être en perte de vitesse 81	it's as clear as mud 48
être entre le marteau et l'enclume 81	it's as easy as falling off a log 48
être fier comme Artaban 50	it's as easy as pie 47
être fou comme un balai 50	It's better to go straight to the top. 137
être fourré dans les jupes de sa mère 82	it's cold enough to freeze the balls off a brass monkey 90
être frais comme une rose 51	it's money for old rope 72
être frais et dispos 82	it's my pet peeve 73
être haut comme trois pommes 51	It's no good crying for the moon. 135
être heureux comme un poisson dans l'eau 51	it's not a big deal 71
être heureux comme un roi 51	it's not rocket science 73
être jolie comme un cœur 51	it's nothing to write home about 100
être kif-kif 82	it's raining cats and dogs 90
être la crème de la crème 51	it's six of one and half a dozen of the other 72
être la goutte d'eau qui fait déborder le vase 82	it's windy enough to knock one off their feet 90
être la mouche du coche 82	jeans 42
être la perle rare 52	Jogging (exercise) 34
être la petite Sainte Nitouche 82	journal (diary) 34
être la prunelle de ses yeux 83	knock knock (knocking) 166
être la tête de Turc 83	labour 23
être laid comme les sept péchés capitaux 52	Laughter is the best medicine. 135
être le boss des bécosses (Québec) 83	lecture 23
être le dindon de la farce 83	legumes (seeds) 34
être le grand banditisme 83	Let not thy left hand know what thy right hand doeth. 133
être le sujet qui fache 83	Let sleeping dogs lie. 144
être libre comme l'air 52	Let the cobbler stick to his last. 131
être libre comme l'air 84	Let well enough alone. 141
être logé à la même enseigne 84	let's get back on track 109
être long comme un jour sans pain 52	library (bibliotheca) 34
être maigre comme un clou 52	
être malin comme un singe 52	

Index

être myope comme une taupe 53	life is a bowl of cherries 56
être né coiffé 84	Life is not all honey and roses. 129
être occupé comme une abeille 53	Like blood, like good, and like age, make the happiest marriage. 127
être pâle comme un linge 53	
être paresseux comme une couleuvre 53	linguistics 42
être pauvre comme job 53	liquid (fluid) 34
être plate comme une planche 53	Little strokes fell great oaks. 146
être plein à craquer 54	location (situation) 34
être plus royaliste que le roi 84	Look before you leap. 135
être pris entre deux feux 84	Love and a cough cannot be hid. 126
être pris la main dans le sac 84	Love makes a wit of the fool. 140
être propre comme un sou neuf 54	Love me, love my dog. 150
être raide comme un piquet 54	main (water main) 24
être rare comme le merle blanc 54	Make hay while the sun shines. 134
être rat de bibliothèque 85	math (math course) 42
être reçu comme un chien dans un jeu de quilles 54	matinee (afternoon show) 35
	mess (clutter) 35
être rond comme une bille 54	minion 24
être rond comme une queue de pelle 55	Misery loves company. 138
être rouge comme une tomate 55	Mission accomplished! 93
être soupe au lait 85	money (currency) 35
être sourd comme un pot 55	money does not grow on trees 94
être sous la coupe de quelqu'un 85	Money talks. 140
être tenu en haleine 85	moo (cow) 165
être un faux jeton 55	my ears are burning 91
être un moulin à paroles 85	my goose is cooked 99
être un rabat-joie 85	my gut tells me 99
être une autre paire de manches 86	national (federal) 35
être vieux comme le monde 55	Nature draws more than ten oxen. 159
être vite sur ses patins 86	Ne'er cast a clout till May be out. 132
expérience (expérimentation) 31	Never offer to teach a fish to swim. 149
fabrique 22	news (bad news) 42
faire bouillir la marmite 86	No herb will cure love. 152
faire contre mauvaise fortune bon cœur 86	No money, no candy. 146
	No pain no gain. 134
faire des économies de bout de chandelle 86	No way!, You're kidding! 73
	not to be the sharpest tool in the shed 101
faire des pieds et des mains 86	
faire la manche 87	not to go in for half measures 102
faire le poireau 87	not to have been born yesterday 101

Voir les différences / See the differences

faire le pont 87	Nothing ventured, nothing gained. 151
faire peau neuve 87	notoriety (infamy) 35
faire prendre des vessies pour des lanternes 87	Now I've seen it all! 92
	occasion (happening) 35
faire preuve d'un calme olympien 55	oink oink (pig) 164
faire tache 87	on a shoestring 63
faire tourner en bourrique 88	on cloud nine 158
faire tout ce qui est en son pouvoir 88	Once bitten, twice shy. 131
faire un tabac 88	once in a blue moon 118
faire une tempête dans un verre d'eau 88	One can have too much of a good thing. 125
Faute de grives, on mange des merles. 133	One can lead a horse to water but one can't make him drink. 146
fermer la cage après que les oiseaux se sont envolés 88	One cannot make an omelette without breaking eggs. 136
figure (visage) 32	One can't get blood out of a stone. 145
file 22	One can't judge a book by its cover. 143
filer à l'anglaise 88	One can't teach an old dog new tricks. 145
finir en queue de poisson 89	
flatter 22	One drop of poison infects the whole tun of wine. 137
fleurons d'une couronne 89	
fonts (les fonts baptismaux) 41	one of these days 159
football (soccer) 32	Opportunity seldom knocks twice. 135
formidable (admiration) 32	out of the frying pan and into the fire 117
fort (force) 32	
four 22	pain 24
fournitures 22	pants 42
foyer (cheminée) 32	pass (succeed) 36
franchise (assurance) 32	pasta (noodles, vermicelli, spaghetti, etc.) 43
fronde (lance-pierres) 22	
fumer comme un pompier 56	Patient waiters are no losers. 145
funérailles 41	physics (physics course) 43
gagner son ciel 89	piece (portion) 36
garder la tête haute 89	pile (stack) 36
garder une poire pour la soif 89	pint (0.568 liters) 159
gaze 23	Poor folks are glad of porridge. 127
génial 23	Poor suffer all the wrong. 128
global (total) 33	pork (meat) 36
glou-glou (dinde) 164	Practice makes perfect. 130

Index

Gouverne ta bouche selon ta bourse. 133
graisser la patte de quelqu'un 89
gratuité (non payant) 33
groin-groin (cochon) 164
herbe 23
hi han (âne) 164
hiiiiii (cheval) 164
Homme seul est viande à loups. 133
il pleut des cordes 90
il fait lourd 90
Il fait un froid de canard 90
il fait un vent à décorner des bœufs 90
Il faut attendre à cueillir la poire qu'elle soit mûre. 133
Il faut avoir deux cordes à son arc. 134
Il faut battre le fer tant qu'il est chaud. 134
Il faut casser le noyau pour avoir l'amande. 134
Il faut être matelot avant d'être capitaine. 134
Il faut faire tourner le moulin lorsque le vent souffle. 134
Il faut laisser couler l'eau. 134
Il faut perdre un vairon pour pêcher un saumon. 135
Il faut réfléchir avant d'agir.   135
Il faut rire avant d'être heureux, de peur de mourir sans avoir ri. 135
Il faut saisir l'occasion aux cheveux. 135
Il ne faut pas chercher le mouton à cinq pattes. 135
Il ne faut pas manger son blé en herbe. 135
Il ne faut pas mélanger les torchons et les serviettes. 136
Il ne faut pas pécher par excès de zèle 136
Il ne faut pas vendre la peau de l'ours avant de l'avoir tué. 136

preservative 24
prune 24
pull up a chair 116
put one's head in the lion's den 117
pyjamas 43
quack quack (duck) 163
Rain before seven, clear by eleven. 147
raisins 24
record (vinyl) 36
rent 25
reparation (compensation) 36
report (information) 37
rest (relax) 37
résumé (CV) 37
reunion (gathering) 37
right off the bat 115
risqué 25
Rome wasn't built in a day. 146
sale 25
scotch (whisky) 37
sensible 25
Separate the sheep from the goats. 136
shorts 43
Silence catches a mouse. 144
slip 25
Slow and steady wins the race. 152
souvenir (memento) 37
speak of the devil and he appears 107
spectacles 25
stage (platform) 38
Sticks and stones may break my bones, but words will never hurt me. 138
surname 26
survey 26
sympathetic (comforting) 38
Take care of the pennies and the pounds will take care of themselves. 152
Talk of angels and you will hear the flutter of their wings. 133
Tall oaks from little acorns grow. 142

Voir les différences / See the differences

Il n'est rien comme les vieux ciseaux pour couper la soie. 136	temperature (heat measurement) 38
Il n'y a pas de petit profit. 136	That takes the cake! 72
Il n'y a pas de plume tombée sans oiseau plumé. 136	that was the last straw for me 70
il n'y a pas le feu 90	that's the way the cookie crumbles 72
Il n'y a pas que le travail dans la vie. 137	the apple doesn't fall far from the tree 142
il n'y a pas un chat 90	The bait hides the hook. 144
il se prend pour le premier moutardier du pape 91	the bark is worse than the bite 105
Il suffit d'une brebis galeuse pour gâter tout le troupeau. 137	The blind leading the blind. 142
Il suffit d'une cuillère de goudron pour gâter un tonneau de miel. 137	the boot is on the other foot now 72
Il tombe des peaux de lièvre (Québec) 91	The braying of an ass does not reach heaven. 148
Il vaut mieux aller au moulin qu'au médecin. 137	The chamber of sickness is the chapel of devotion. 152
Il vaut mieux être cheval que charrette. 137	the chips are down 94
Il vaut mieux s'adresser à Dieu qu'à ses saints. 137	The darkest hour is just before dawn. 127
il y a anguille sous roche 91	The early bird catches the worm. 141
Il y en a à la pelle 91	The face is no index to the heart. 150
implantation (installation) 33	The foot knows where the shoe pinches. 139
important (grand) 33	The glutton commits suicide with his fork. 141
imposition (impôt) 33	the lights are on but nobody's home 100
informations (pour plus d'informations) 42	The lone sheep is in danger of the wolf. 133
intoxiquer (empoisonner) 33	The opera ain't over till the fat lady sings. 129
isolation 23	the pecking order 95
J'ai les oreilles qui sifflent 91	the pot calls the kettle black 93
j'ai le cafard 91	The proof of the pudding is in the eating. 130
J'ai mon voyage ! 92	the sap is running 65
Jamais deux sans trois. 138	The sky is the limit. 154
jean 42	The squeaky wheel gets the grease. 150
jeter l'argent par les fenêtres 92	The tree is known by its fruit. 125
jeter l'éponge 92	There are plenty more fish in the sea. 154
Jogging (survêtement) 34	There are two sides to every question.
jouer le tout pour le tout 92	

Index

jouer les seconds couteaux 92
jouer les trouble-fêtes 92
journal (presse) 34
jusqu'à la Saint-Glinglin 93
j'y perds mon latin 93
La barbe ne fait pas le philosophe. 138
La bave du crapaud n'atteint pas la blanche colombe. 138
La beauté ne sale pas la marmite. 138
La belle cage ne nourrit pas l'oiseau. 138
La branche chargée de fruits s'incline. 138
La diversité est le sel de la vie. 139
La langue va où la dent fait mal. 139
la pelle se moque du fourgon 93
La peur a bon pas. 139
La pierre va toujours au tas. 139
La religion ne nous fait pas bons, mais elle nous empêche de devenir trop mauvais. 139
La roue tourne. 139
La vérité, comme l'huile, vient au-dessus. 140
la vie est un jardin de roses 56
labour 23
lâcher son fou 93
L'affaire est ketchup ! 93
L'aigle d'une maison n'est qu'un sot dans une autre. 140
laisser tomber comme une vieille chaussette 93
L'amour apprend aux ânes à danser. 140
lancer un pavé dans la mare 94
L'argent est roi. 140
l'argent ne tombe pas du ciel 94
Lavez chien, peignez chien, toutefois n'est chien que chien. 140
Le bois tordu fait le feu droit. 140
Le gourmand creuse sa fosse avec ses dents. 141

150
There is a lid for every pot. 131
There is many a good tune played on old fiddles. 132
There is no place like home. 125
There is no use crying over spilt milk. 129
There may be snow on the rooftop but there is fire in the furnace. 144
there's not a soul 90
They that dance must pay the fiddler. 149
they're a dime a dozen 91
through the grapevine 61
Throw out a sprat to catch a mackerel. 135
thump-thump (heartbeat) 165
tick-tock (clock) 166
till the cows come home 93
Time will tell. 151
Tit for tat. 125
to bark up the wrong tree 112
to be as thin as a rake 52
to be a backseat driver 82
to be a big hit 88
to be a couch potato 121
to be a different kettle of fish 86
to be a goody two shoes 82
to be a real bookworm 85
to be a real chatterbox 85
to be a tempest in a teapot 88
to be a toss up 82
to be all things to all people 95
to be all thumbs 64
to be as bald as a coot 49
to be as blind as a bat 53
to be as boring as watching paint dry 56
to be as busy as a one-armed paper hanger 53
to be as clean as a whistle 54
to be as cool as a cucumber 55

Voir les différences / See the differences

Le mal vient à cheval et s'en va à pied. 141	to be as crazy as a loon 50
Le mieux est l'ennemi de bien. 141	to be as crooked as a snake 55
Le monde appartient à ceux qui se lèvent tôt. 141	to be as cute as a button 51
	to be as dead as a doornail 49
Le serpent est caché sous les fleurs. 141	to be as deaf as a post 55
Le singe est toujours singe fut-il déguisé en prince. 141	to be as different as chalk and cheese 50
	to be as drunk as a skunk 54
L'eau est le meilleur des breuvages. 142	to be as fit as a fiddle 63
l'échapper belle 94	to be as flat as a pancake 53
lecture 23	to be as free as a bird 52
légumes (plantes) 34	to be as fresh as a daisy 51
Les belles paroles ne font bouillir la marmite. 142	to be as happy as a clam at high tide 51
	to be as long as a month of Sundays 52
les bras m'en tombent 94	to be as nutty as a fruitcake 80
les carottes sont cuites 94	to be as old as the hills 55
les chats ont sept vies 158	to be as pleased as Punch 51
les chiens ne font pas des chats 142	to be as poor as Job's turkey 53
les doigts dans le nez 94	to be as proud as a peacock 50
Les mains sont faites avant les couteaux. 142	to be as red as a lobster 55
	to be as scarce as hen's teeth 54
Les oisons mènent paître les oies. 142	to be as slow as cold molasses in January 49
Les petits ruisseaux font les grandes rivières. 142	to be as sly as a fox 52
	to be as snug as a bug in a rug 50
lever le lièvre 95	to be as stiff as a poker 54
L'habit ne fait pas le moine. 143	to be as thick as a brick 49
L'homme est un loup pour homme. 143	to be as thick as thieves 49
librairie (commerce des livres) 34	to be as ugly as sin 52
linguistique 42	to be as welcome as a bedbug 54
liquide (argent) 34	to be as white as a ghost 53
location (louage) 34	to be asleep at the wheel 77
l'ordre hiérarchique 95	to be at the end of one's rope 79
Lorsque la faim est à la porte, l'amour s'en va par la fenêtre. 143	to be between a rock and a hard place 81
	to be between the devil and the deep blue sea 84
mâcher le travail à quelqu'un 95	to be born with a silver spoon in one's mouth 84
Maille à maille se fait le haubergeon. 143	
main 24	
manger à tous les râteliers 95	to be bright-eyed and bushy-tailed 82
manger comme quatre 158	to be broke 80

Index

manger comme un ogre 56	to be bursting at the seams 54
manger le morceau 95	to be caught red-handed 84
manger sur le pouce 95	to be crystal clear 49
manger une claque 96	to be dressed up to the nines 159
marcher comme sur des roulettes 56	to be eagle-eyed 69
marcher les fesses serrées 96	to be fed up 77
marcher sur des œufs 96	to be feeling under the weather 100
marcher sur la pointe des pieds 96	to be flabbergasted 94
maths (cours de maths) 42	to be footloose and fancy-free 84
matinée (avant-midi) 35	to be head over heels in love 67
ménager la chèvre et le chou 96	to be highway robbery 83
mener à la baguette 96	to be in a pickle 81
mener grand train 97	to be in the know 79
mener quelqu'un en bateau 97	to be in the same boat 84
mener une vie de château 97	to be in two places at once 79
messe (culte catholique) 35	to be just a stone's throw away 78
mettre des bâtons dans les roues 97	to be knee-high to a grasshopper 51
mettre la charrue avant les bœufs 97	to be lazy as a sloth 53
mettre la main à la pâte 97	to be left high and dry 108
mettre le loup dans la bergerie 98	to be like a bull in a china shop 50
mettre les petits plats dans les grands 98	to be like a drop in the bucket 50
mettre les pieds dans le plat 98	to be like a fish out of water 101
mettre sa main au feu 98	to be like two peas in a pod 56
mettre son grain de sel 98	to be long in the tooth 102
mettre son nez partout 98	to be more Catholic than the Pope 84
mettre sur la sellette 99	to be off in the clouds somewhere 80
mettre tout le monde dans le même sac 99	to be on tenterhooks 115
meuh (vache) 165	to be on the back burner 81
Mieux vaut prévenir que guérir. 143	to be on the ball 86
mignon 24	to be on the blink 117
mon chien est mort 99	to be on the edge of one's seat 85
mon intuition me dit 99	to be one in a million 52
mon petit doigt me l'a dit 99	to be out of it, in a daze 79
monnaie (pièces de métal) 35	to be over the moon 80
Mors doré ne rend pas le cheval meilleur. 143	to be penny wise and pound foolish 86
motus et bouche cousue 99	to be right under someone's nose 79
national (provincial) 35	to be rolling in money 109
N'attrape pas de lièvres avec un	to be rolling in the aisles 114
	to be running off at the mouth 78
	to be scared stiff 70

Voir les différences / See the differences

tambour. 144	to be sitting on the fence 79
ne connaître quelqu'un ni d'Eve, ni d'Adam 100	to be so hungry that one could eat a horse 68
ne pas avoir la langue dans sa poche 100	to be taken for a ride 83
ne pas avoir la lumière à tous les étages 100	to be the apple of one's eye 83
	to be the cream of the crop 51
ne pas casser trois pattes à un canard 100	to be the elephant in the room 83
	to be the scapegoat or whipping boy 83
ne pas être dans son assiette 100	to be the straw boss 83
ne pas être sorti de l'auberge 100	to be the straw that broke the camel's back 82
ne pas être tombé de la dernière pluie 101	to be three sheets to the wind 55
ne pas être vraiment une lumière 101	to be tied to their mother's apron-strings 82
ne pas lâcher la patate (Québec) 101	
ne pas savoir où donner de la tête	to be too big for one's britches 67
ne pas savoir où donner de la tête 101	to be unable to carry a tune in a bucket 73
ne pas se sentir dans son élément 101	
ne pas tenir la route 101	to be under someone's thumb 85
ne pas y aller avec le dos de la cuillère 102	to be wet behind the ears 64
	to be within a hair's breadth 78
Ne réveillez pas le chat qui dort. 144	to beat around the bush 102
n'être plus tout jeune 102	To beat around the bush 103
niaiser avec la puck (Québec) 102	to behave like lemmings 111
notoriété (célébrité) 35	to bend over backwards 113
nouvelles (une mauvaise nouvelle) 42	to bet one's life on it 98
occasion (usagé) 35	to bite off more than one can chew 68
Oh ! Hisse ! 102	to bite the hand that feeds one 75
On bourre sa pipe avec le tabac qu'on a. 144	to blow a fuse 104
	to blow one's own horn 111
On a l'âge de son cœur. 144	to bring home the bacon 86
On a souvent besoin d'un plus petit que soi. 144	to burn midnight oil 103
	to bury one's head in the sand 106
On caresse la vache avant de la traire. 144	to buy a pig in a poke 61
	to buy something for a song 61
On fait toujours le loup plus grand qu'il n'est. 145	to call a spade a spade 62
	to call on the carpet 99
On n'apprend pas à un vieux singe à faire des grimaces. 145	to carry coals to Newcastle 105
	to cast pearls before swine 76
On ne jette pas le coffre au feu parce que	to chase rainbows 74

Index

la clef en est perdue. 145
On ne perd pas de temps quand on aiguise ses outils. 145
On ne peut être dans la boutique d'un parfumeur sans en emporter l'odeur. 145
On ne peut faire sortir du sang d'un navet. 145
On ne saurait faire boire un âne qui n'a pas soif. 146
ouah ouah, ouaf oua (chien) 165
ouh ouh (hibou) 165
ouvrir le bal 102
pain 24
pan-pan (coup de feu) 165
pantalon 42
Paris ne s'est pas fait en un jour. 146
parler de la pluie et du beau temps 102
Pas d'argent, pas de Suisse. 146
pas d'chicane dans ma cabane (Québec) 103
Passe-moi la rhubarbe, je te passerai le séné. 146
passer (assister) 36
passer au crible 103
passer de la misère à la richesse 103
passer la nuit sur la corde à linge 103
passer par 4 chemins 103
passer sous les fourches caudines 103
passer un sapin 104
pâtes (nouilles, vermicelles, spaghetti, etc.) 43
payer en monnaie de singe 104
perdre la boule 104
perdre le fil de l'histoire 104
perdre les pédales 104
péter une coche 104
Petit à petit, l'oiseau fait son nid. 146
Petite étincelle engendre grand feu. 146
Peu vaut mieux que rien. 147
physique (cours de physique) 43

to come out of left field 62
to come out of the woodwork 115
to compare apples and oranges 74
to cook the books 118
to cool one's heels 87
to cost an arm and a leg 75
to cough one's head off 118
to cut corners 70
to dig in one's heels 71
to do damage control 110
to do one's level best 88
to doze off 74
to drag one's feet 112
to drink like a fish 47
to drive someone up the wall 88
to drop like a hot potato 93
to earn one's ticket to heaven 89
to eat crow 103
to eat like a horse 56
to eat on the run 95
to fall through the cracks 117
to fight tooth and nail 110
to fizzle out 89
to flog a dead horse 110
to fly off the handle 115
to gather dust 76
to get a kick in the teeth 96
to get a word in edgeways 105
to get back into harness 108
to get cold feet 65
to get dumped 113
to get off one's chest 122
to get on someone's nerves 71
to get punch drunk 113
to get someone's goat 116
to get the ball rolling 102
to get up on the wrong side of the bed 112
to give one's eye teeth for something 76
to give someone the pink slip 76

Voir les différences / See the differences

pièce (salle) 36	to go back to the drawing board 108
pile (énergie) 36	to go cold turkey 62
pin-pon (sirène) 165	to go for broke 92
pinte (1.136 litres) 159	to go from rags to riches 103
piquer du nez 105	to go full steam ahead 62
piquer une fouille 105	to go like clockwork 56
placer un mot 105	to go off on a tangent 110
Pluie du matin n'arrête pas le pèlerin. 147	to go off one's rocker 104
	to go over like a lead balloon 67
plus de bruit que de mal 105	to go over with a fine tooth comb 103
Plus tire nature que cent chevaux. 159	to grease someone's palm 89
porc (cochon) 36	to grin and bear it 86
porter de l'eau à la rivière 105	to grin like a Cheshire cat 67
poser un lapin à quelqu'un 105	to handle with kid gloves 106
Pot fêlé dure longtemps. 147	to hang in there 101
poum-poum (battement de cœur) 165	to have a bone to pick with someone 68
Pour épargner un clou, on perd un cheval. 147	to have a cast iron stomach 69
	to have a close shave 94
Pour vivre heureux vivons cachés. 147	to have a finger in every pie 98
Poussin chante comme le coq lui apprend. 147	to have a frog in one's throat 69
	to have a green thumb 66
pratiquer la politique de l'autruche 106	to have a hangover 66
prendre avec des pincettes 106	to have a heart of gold 66
prendre le train en marche 106	to have a lot of gall 65
prendre pour argent comptant 106	to have a millstone around one's neck 69
prendre ses jambes à son cou 106	to have a raging fever 47
préservatif 24	to have a ringside seat 80
Prière de fou n'est point écoutée. 148	to have a screw loose 68
prune 24	to have a sharp tongue 65
pyjama 43	to have a short fuse 85
Quand l'arbre est tombé, tout le monde court aux branches. 148	to have a stomach ache 68
	to have a sweet tooth 114
Quand le vin est tiré, il faut le boire. 148	to have a whale of a time 109
quand les poules auront des dents 106	to have butterflies in one's stomach 67
Quand on crache en l'air, cela vous retombe sur le visage. 148	to have egg on one's face 80
	to have goosebumps 65
Quand on est en colère, il ne faut rien dire ni faire avant d'avoir récité l'alphabet. 148	to have hen scratch handwriting 48
	to have no idea 76
	to have one foot in the grave 114

Index

quand on parle du loup, on en voit la queue 107	to have one's knickers in a twist 81
Quel temps de chien ! 107	to have other fish to fry 64
Qui a faim mange tout pain. 148	to have pins and needles in the legs 64
Qui aime bien châtie bien. 149	to have seen a thing or two 75
Qui casse les verres les paie. 149	to have the gift of the gab 66
Qui craint le danger ne doit pas aller en mer. 149	to have the patience of Job 47
Qui n'a pas d'argent en bourse, qu'il ait du miel en bouche. 149	to have the spondulix 64
	to have to pee so bad that one's back teeth are floating 69
Qui naît poule aime à caqueter. 149	to have two left feet 68
Qui naquit chat court après les souris. 149	to have your cake and eat it too 66
Qui ne demande rien n'a rien. 150	to hear a pin drop 78
Qui ne risque rien n'a rien. 151	to hit the nail on the head 116
Qui n'entend qu'une cloche n'entend qu'un son. 150	to hit the roof 110
	to hog the blanket 116
Qui peint la fleur n'en peut peindre l'odeur. 150	to hold a grudge against someone 70
	to hoodwink someone 104
Qui perd sa matinée perd les trois quarts de sa journée. 150	to jump on the bandwagon 106
	to keel over 117
Qui prend mari prend pays. 150	to keep a low profile 96
Qui se ressemble s'assemble. 150	to keep it under one's hat 99
Qui se sent galeux se gratte. 151	to keep one's chin up 89
Qui suit les poules apprend à gratter. 151	to keep one's nose out of someone else's business 114
Qui vivra, verra. 151	To kick a man when he is down. 148
Qui vole un œuf vole un bœuf. 151	to kick the bucket 71
Quiconque s'élève sera abaissé, et quiconque s'abaisse sera élevé. 151	to kill the goose that lays the golden egg 119
qu'il pleuve ou qu'il vente 107	to know like the back of one's hand 48
quoi qu'il arrive 107	to laugh behind someone's back 109
racler les fonds de tiroir	to lead someone up the garden path 97
raconter des salades 107	to leave no stone unturned 108
Rage d'amour est pire que le mal de dents. 152	to let loose 93
	to let the cat out of the bag 75
raisins 24	to live high on the hog 97
ramener sa fraise 108	to live the life of riley 97
rater le coche 108	to look daggers at each other 113
record (dossier) 36	to look worse for the wear 66
	to lose it 104
Recours à Dieu, l'ancre est rompue. 152	to lose one's train of thoughts 104

Voir les différences / See the differences

remuer ciel et terre 108	To make a big deal about something 78
rente 25	to make a mountain out of a molehill 112
réparation (correction) 36	to make small talk 102
report (renvoi) 37	to miss the boat 108
reprendre le collier 108	to move heaven and earth 86
rester (habiter) 37	to never do a stroke of work 69
rester le bec dans l'eau 108	to nod off 105
résumé (sommaire) 37	to not be out of the woods 100
retour à la case départ 108	to not hold water 101
réunion (rencontre) 37	to not know someone from Adam 100
réussir haut la main 109	to not know which way to turn
revenons à nos moutons 109	to not know which way to turn 101
revirer sur un trente sous 159	to paint oneself into a corner 112
Rien ne sert de courir, il faut partir à point. 152	to panhandle 87
rire dans sa barbe 109	to pass the buck 113
risqué 25	to pass with flying colors 109
rou rou (pigeon) 166	to pay with Monopoly money 104
rouler sur l'or 109	to play hardball with someone 77
sale 25	to play hookey 114
s'amuser comme un fou 109	to play second fiddle 92
sans compter ses heures 109	to pull out all the stops 98
sauter au plafond 110	to pull the rug out from under someone 74
sauter du coq à l'âne 110	to pull the wool over someone's eyes 87
sauver les meubles 110	to pull up one's socks 111
scier la branche sur laquelle on est assis 110	to put in one's two cents worth 98
scotch (ruban adhésif) 37	to put one's foot in one's mouth 98
se battre bec et ongles 110	to put one's shoulder to the wheel 97
se battre contre les moulins à vent 110	to put the cart before the horse 97
se calmer le pompon (Québec) 111	to put the fox in charge of the henhouse 98
se comporter comme un mouton de Panurge 111	to rack one's brain 111
se creuser la tête 111	to raise a thorny issue 95
se faire avoir comme un bleu 111	to rob Peter to pay Paul 75
se faire mousser 111	to rock the boat 92
se faire remonter les bretelles 111	to rule with an iron fist 96
se faire tirer l'oreille 112	to run out of steam 81
se lever du pied gauche 112	to save for a rainy day 89

Index

Se méfier du feu qui couve. 152	to scrape the bottom of the barrel
se mettre dans une impasse 112	to see red 81
se mettre le doigt dans l'œil 112	to see stars 122
"se mettre sur son 31 ;	to sell like hot cakes 114
se mettre sur son 36 (Québec) 159"	to set the cat among the pigeons 94
se mouiller 112	to shoot oneself in the foot 110
se noyer dans un verre d'eau 112	to shoot the breeze 115
se paqueter la fraise 113	To show tough love. 149
se plier en quatre 113	to shut someone up 74
se pogner le beigne 113	to shut the barn door after the horse has escaped 88
se prendre un râteau 113	
se regarder en chiens de faïence 113	to sing from the same hymn sheet 61
se renvoyer la balle 113	to sleep like a baby 77
se ressembler comme deux gouttes d'eau 56	to sleep like a log 48
	to smell a rat 91
se sucrer le bec 114	to smoke like a chimney 56
se tordre de rire 114	to speak one's mind 100
se vendre comme des petits pains 114	to spill the beans 95
sécher les cours 114	to spin yarns 107
s'ennuyer comme un rat mort 56	to split the difference 74
sensible 25	to spoon-feed someone 95
sentir le sapin 114	to stand on one's own two feet 122
short 43	to stand someone up 105
Si le chapeau te fait, mets-le. 152	to steal someone's thunder 122
Si l'on fait attention à chaque centime, notre fortune est faite. 152	to step on the gas 62
	to stick one's neck out 112
siff (serpent) 166	to stick one's nose in 108
S'il pleut à la Saint-Médard, il pleut quarante jours plus tard. 153	to stick out like a sore thumb 87
	to stir up a hornets' nest 76
slip 25	to straddle the fence 96
s'occuper de ses oignons 114	to struggle to make ends meet 116
sortir de l'ombre 115	to swallow hook, line and sinker 111
sortir de ses gonds 115	to sweep something under the carpet 117
souvenir (mémoire) 37	
Souvent la plus belle pomme est véreuse. 153	to take a long weekend 87
	to take a tumble 105
spectacle 25	to take for the gospel truth 106
spectacle de cirque 115	to take french leave 88
stage (pédagogie) 38	to take one's own sweet time 63
sur des charbons ardents 115	to take shortcuts 118

197

Voir les différences / See the differences

sur-le-champ 115	to take to one's heels 106
surnom 26	to talk about someone behind their back 71
surveiller 26	
sympathique (aimable) 38	to tar everyone with the same brush 99
tailler une bavette 115	to throw a monkey wrench into the works 97
taper dans le mille 116	
taper sur les nerfs de quelqu'un 116	to throw in the towel 92
tatac tatoum (train) 166	to throw money down the drain 92
température (météo) 38	to tiptoe through the tulips 96
tic-tac (horloge) 166	to turn over a new leaf 87
Tiguidou ! (Québec) 116	to turn sour 118
tirer la couverture de son bord (Québec) 116	to twiddle one's thumbs 113
	to upset the applecart 70
tirer le diable par la queue 116	to use a sledgehammer to crack a nut 77
tirer le rideau sur quelque chose 117	to walk on eggshells 96
tire-toi une bûche (Québec) 116	to wear high water pants 64
toc toc (cognement) 166	to wear one's heart on one's sleeve 67
toilettes (aller aux toilettes) 43	to work flat out 118
tomber dans la gueule du loup 117	to work like a horse 57
tomber dans les pommes 117	toilet (go to the toilet) 43
tomber de Charybde en Scylla 117	tongue-in-cheek 119
tomber en panne 117	Too many cooks spoil the broth. 127
tomber entre les mailles du filet 117	trainee 26
tourner au vinaigre 118	transpire 26
tourner les coins ronds 118	transport (public transport) 43
Tourner sept fois sa langue dans sa bouche avant de parler. 153	turn on a dime 159
	tweet, chirp (songbird) 164
tous les trente-six du mois 118	umpteen times 159
tousser comme un bœuf 118	vacation (take a vacation) 44
Tout chien est fort à la porte de son maître. 153	Variety is the spice of life. 139
	vest 26
Tout est bien qui finit bien. 153	We must learn to walk before we can run. 134
Tout fait farine au bon moulin. 153	
Tout soldat a dans son sac son bâton de maréchal. 154	wee-woo (siren) 165
	What lousy weather! 107
Tout vient à point à qui sait attendre. 154	When angry, count to a hundred. 148
	when pigs fly 106
trafiquer les comptes 118	When the apple is ripe, it will fall. 133
traînée 26	Who keeps company with the wolf will

Index

transpirer 26
transports (les transports en commun) 43
travailler comme un bœuf 57
travailler d'arrache-pied 118
trente-six fois 159
très pince-sans-rire 119
trois fois rien 119
tuer la poule aux œufs d'or 119
Un chien qui pisse fait pisser l'autre. 154
Un chien vivant vaut mieux qu'un lion mort. 154
un coup de tonnerre 119
un de ces quatre matins 159
un dur à cuire 119
un feu de paille 119
un mal pour un bien 120
Un malheur ne vient jamais seul. 154
un panier de crabes 120
un perdreau de l'année 120
un soleil de plomb 120
un succès fou 120
un travail de titan 120
un trente sous 160
Une de perdue, dix de retrouvées. 154
une histoire sans queue ni tête 121
une ombre au tableau 121
une promesse en l'air 121
Une tartine de sirop [d'érable] chez nous est parfois meilleure qu'un banquet ailleurs. 155
une vache à lait 121
Va te faire cuire un œuf ! 121
vacances (prendre des vacances) 44
Vache vue de loin a assez de lait. 155
végéter devant la télévision 121
veste 26
vider son sac 122
Vieille amitié ne craint pas rouille. 155
voir 36 chandelles 122

learn to howl. 151
with all the bells and whistles 63
with one's eyes closed 94
Without bread and wine, even love will pine. 143
without watching the clock 109
woof-woof, bow-wow (dog) 165
You scratch my back, I'll scratch yours. 146
Young men may die, but old men must die. 127

Voir les différences / See the differences

voler de ses propres ailes 122 voler la vedette à quelqu'un 122	